反オカルト論

高橋昌一郎

光文社新書

はじめに——「学」と「欺瞞」の関係

「反オカルト論」の目的

本書は、二〇一四年十二月から二〇一六年四月にかけて『週刊新潮』に連載したコラム「反オカルト論」(全六十六回)に加筆修正を行い、テーマ別に八章に再構成したものである。各章末に「解説」を加えて、各々のテーマに対する多彩なアプローチを紹介し、さらに「課題」を設定して、その解答を読者自身に考えていただく形式になっている。

コラム「反オカルト論」の目的は、現代社会に数多く存在する「非論理・反科学・無責任」な事象にメスを入れ、「論理的・科学的・倫理的」に考察することにあった。とはいえ、何が「論理的・科学的・倫理的」なのかを学問的に追究すると、非常に繊細で奥深い問題の数々に遭遇する。それらの限界についての議論は、拙著三冊の限界シリーズ『理性の限界』

『知性の限界』『感性の限界』で詳しく検討したので、ご参照いただければ幸いである。

本書は、それらの学問的基礎を前提として、人類が「論理的・科学的・倫理的」に築いてきた成果を「学＝反オカルト」とすれば、その対極に位置する「非論理・反科学・無責任」な妄信を「欺瞞《ぎまん》＝オカルト」とみなすというスタンスに拠《よ》っている。

コラム「反オカルト論」の連載においても、いわゆる「スピリチュアリズム」や「星占い」のような狭義のオカルトばかりでなく、この時期に話題になった「ＳＴＡＰ細胞」や「江戸しぐさ」のように、現代社会において広義のオカルトとみなされる事件の数々を扱った。

週刊誌の読者は、老若男女を問わず多岐にわたる。そこで、幅広い読者に話題を身近に実感していただけるように、大学の研究室で「教授」と「助手」が日常的な雑談を行っている場面を設定し、それを読者が眺めているようなスタイルを用いた。幸いにも多くの読者から「わかりやすくユニークなコラム」と好評を賜ることができたので、本書で改めて、これらの対話篇をまとめてお楽しみいただければと願っている。

ここで「反オカルト論」の具体的な話題に入る前に、「学＝反オカルト」と「欺瞞＝オカルト」の関係について、およそのイメージを説明しておきたい。

「学」について

「学」という言葉から、読者は何を思い起こされるだろうか。

学ぶこととしての「学問」、知識としての「学識」、学ぶ場所としての「学校」、学ぶ人としての「学者」、専門領域としての「学派」などのキーワードが浮かぶかもしれない。「大学」関係者だったら、すぐに連想するのは「建学の精神」、「学問のすすめ」や「学の独立」だろうか。あるいは「少年老い易く学成り難し」という諺《ことわざ》を想起される読者も多いかもしれない。

ロシアにグリゴリー・ペレルマンという天才数学者がいる。二〇〇二年十一月、当時三十六歳のペレルマンは、一九〇四年にフランスの数学者アンリ・ポアンカレが提起して以来、百年近く世界中の数学者を悩ませてきた超難問「ポアンカレ予想」(「単連結な3次元閉多様体は3次元球面と同相である」という予想)を証明した。

ペレルマンは、幼少期から数学教師の母親の英才教育を受け、十六歳で国際数学オリンピックに当時最年少で出場、全問正解で金メダル受賞という驚異的な成果を挙げている。ソ連が崩壊した時点でアメリカに留学し、ニューヨーク州立大学ストーニーブルック校とカリフオルニア大学バークレー校で研究を続けた。一九九五年、ロシアに帰国したペレルマンは、三十歳を目前にして、世紀の難問への挑戦を開始した。

当時の数学界は、「ポアンカレ予想」を位相幾何学の問題とみなしていた。しかし、ペレルマンは、その常識を根底から覆し、古典的な微分幾何学に「手術」と呼ばれる彼独自の不思議な概念を導入して、七年後に難関を突破した。しかもペレルマンは、その論文を数学の専門学会誌ではなく、世界中の誰もがアクセスできるネットのオープンサイトに投稿した。彼が、自分の導いた成果を「人類共通の財産」と考えたためである。

ところが、それから三年後、彼は突然、ロシア科学アカデミーのステクロフ数学研究所を退職し、年金で生活する母親のアパートに引き籠《こも》ってしまった。二〇〇六年、数学界のノーベル賞と呼ばれるフィールズ賞が授与されたが、彼は受賞を辞退した。二〇一〇年、ミレニアム賞が授与されたが、ペレルマンはこの受賞も辞退して、人々を驚かせた。

このミレニアム賞とは、二〇〇〇年、アメリカの富豪ランドン・クレイが設立したクレイ数学研究所が、数学史上最も古典的かつ重要で未解決な七つの「ミレニアム懸賞問題」を最初に解決した者に「百万ドル」をかけた懸賞である。いまだに「ポアンカレ予想」以外のミレニアム懸賞問題は解決されていないが、ペレルマンは、この莫大な賞金の受け取りも拒否して、人々を嘆息させたわけである。

さて、読者はペレルマンのように、地位や名誉や財産にまったく執着せずに、「学」に没頭できるだろうか。実際には、彼のように人生を懸けて「学」を極めることのできる天才は、世界にも数えるほどしか存在しないだろう。しかし、試験に受かるまで、論文を仕上げるまで、あるいは学位を取得するまでの限られた時間であれば、読者も「無心」の境地で「学」を追究した経験があるのではないだろうか。

東京大学の学生が作成した進学ガイドブックに、次のような文章が掲載されている。

> 東京大学理学部数学科
>
> 「数学科に進学することは人生の多くのものを諦めるということである。言わずと知れた東大数学科の院試の難しさ、就職率の悪さ、学生間の関係の希薄さは言うまでもないが、加えて人間的な余裕をも諦めなければならない。数学の抽象度は日ごとに増し、数学科生は日夜数学のことを考えながら生きていくことを強いられる。某教授に言わせれば、『数学を考えようと思って考えているうちは二流である。無意識の夢の中でも考えられるようになって初めて一流である』だそう。そのような

「生活の果てにあるのは疲れ切った頭脳と荒廃した精神のみである」

東大には「進学振り分け」制度があり、東大生は最初の二年間の教養学部所属を経て専門学科に進学する。この文章は、そこで「理学部数学科」に進学すると何が起こるのか、先輩が後輩にアドバイスするために書いた文章である。

仮に読者が現在二十歳で、これから専門学科に進学する東大生だとする。この文章を読んで、数学科に進学する意欲が湧くだろうか。

たしかに「学」の追究のためには「人生の多くのものを諦める」必要があり、その「生活の果てにあるのは疲れ切った頭脳と荒廃した精神のみ」かもしれない。そこには世俗的な意味での「幸福」はなさそうだ。それでは、なぜ苦悩だけが待っている「数学科」に進学すべきなのか。

この文章が興味深いのは、これを書いた学生が、それほどまでにネガティブに貶《けな》している「数学科」に、当然のように進学しているからである。その学生は、なぜ自分が「数学科」に進学したのか、ポジティブな理由を一言も書いていない。なぜなら、それは書く必要もないほど自明だからであり、それこそが「学」の追究に他ならない。読者は、そこに「数学科」の東大生の「意気」を感じることができるはずである。

「欺瞞」について

この文章の対極に位置するのが、たとえば二〇一四年一月、理化学研究所の小保方《おぼかた》晴子元研究員が「STAP細胞発見」と脚光を浴びた記者会見で語った「お風呂のときもデートでも四六時中、研究のことを考えていた」という表現である。なぜ「お風呂」や「デート」のような世俗に塗《まみ》れた言葉が「研究」と並べられるのか。そこに一種の「違和感」を感じた読者も多いのではないだろうか。

小保方氏は、三十歳の若さで日本を代表する研究機関のユニット・リーダーに採用され、潤沢な研究費と給与を与えられ、資金提供を受けて高級ホテルで生活しながら理研に通っていた。そこから推測できるのは、まず何よりも、彼女が抜群に「世渡り」の上手な人物であろうということである。進学の時点で「人生の多くのものを諦める」ことを覚悟しなければならない東大の数学科の学生とは、大違いではないか。

その後、小保方氏が、STAP論文でも博士論文でも、文章や画像を他者の論文やサイトから無断でコピペし、実験データの写真を切り貼りし、実験そのものを捏造《ねつぞう》するという、

「世界三大不正」の一つとまで数えられる研究不正を行っていた事実が発覚した。つまり、彼女の発言の「違和感」をもたらす正体が「欺瞞」だったとも考えられるのである。

ペレルマンが世俗的な栄光をすべて放棄して社会から姿を消したのは、彼が人間不信に陥ったことに原因があった。実は、彼が「ポアンカレ予想」を証明した後、その主旨を「完成版」に書き換えて、業績を横取りしようとした数学者がいた。その数学者は、アメリカ数学界を代表する数学者の弟子で、彼ら師弟は二人で共謀して、業績の評価を権力によって横取りしようとした。純粋な学究者ペレルマンにとって、そのような数学界の「欺瞞」は耐えきれないことだったのである。

ただし、ここで注意しておきたいのは、一般に「欺瞞」とは「欺くこと」や「騙すこと」を指すとはいえ、必ずしも「故意」ではなく、積極的な「悪意」が認められない場合も含まれる点である。たとえば、社会的な平均から逸脱した行動様式を取る「パーソナリティ障害」を抱えた人物には、慢性的に平然と嘘をつくという「空想虚言癖」の症状が見られる場合もあり、この種のケースでは、本人に罪悪感がまったくなく、行動に対する責任も取れないため、通常の倫理観は適用できない。

世界保健機関（WHO）は「パーソナリティ障害」を十種類に分類しているが、その中の

「自己愛性パーソナリティ障害」は、自分を選ばれた人物と特別視して他者に一方的な賞賛を求め、「演技性パーソナリティ障害」は、他者の注目を集めて自己顕示性を満たすために特定の人物の役割を自己中心的に演じる。いずれのケースも、空想と現実の境界が明確でなくなり、本人は自分の妄想を真実と思い込み、いかに批判されても自分の信念を最優先に貫き通し、自分を批判する他者には徹底的に立ち向かう傾向が見られるという。

仮に読者の知人が、「誰もいないのに声が聞こえる」「霊の声がする」「私は神だというお告げがあった」などと言い始めたら、どうすればよいだろうか。

この症状は、現代社会において特別に珍しいものではなく、「統合失調症」の患者の多くが経験する「幻聴」の一種という可能性も考えられる。そこで最も適切な処置は、まず本人を精神科か心療内科に連れて行って、医学的診断・治療を支援することであろう。

ところが、周囲がその妄言を事実だと信じて平伏すれば、「統合失調症」の患者が「教祖」に祀《まつ》り上げられて、新興宗教にまで発展するというジョークのような事態が生じかねない。その場合、「欺瞞」を生み出しているのは、むしろ周囲だということになるだろう。

宗教界のみならず、科学界でも一般社会でも、この種の「病的欺瞞」に対して、もっと真剣に社会的対応を考えなければならない時期に来ているのではないだろうか。

「学」の「欺瞞」について

ところで、さきほど「学」という言葉の連想として触れた「少年老い易く学成り難し」という諺の出典は、中国の宋時代に儒教を「理」に基づいて体系化し、「朱子学」を創始した朱熹《しゅき》の漢詩とされてきた。

「偶　成」　朱　熹

少年易老学難成
一寸光陰不可軽
未覚池塘春草夢
階前梧葉已秋声

少年老い易く学成り難し
一寸の光陰軽んずべからず
未だ覚めず池塘《ちとう》春草の夢
階前の梧葉《ごよう》已《すで》に秋声

明治三十四（一九〇一）年、初めて朱熹の作品として中学校の漢文の教科書に掲載されたが、題は教科書によって「七絶」や「逸題」とバラツキがあった。明治三十八（一九〇五）年の国語漢文研究会編『新編漢文教科書』（明治書院）に、なぜか「偶成」という題が付けられ、その後の漢文の教科書もそれを踏襲するようになった。この題では「偶然出来上がった」という意味になる。

「勧学」の誉れ高い漢詩であり、詩吟などでも詠われることが多い。現代語訳は、「若者が年老いていくのはあっという間だが、学問を究めることは大変難しい。だから、わずかな時間も惜しんで一生懸命に勉強すべきである。春草が萌える頃に池のほとりで夢見ていたかと思うと、すでに庭先の青桐の葉は秋の気配を帯びているのだから」……。

ところが驚いたことに、実はこの漢詩は、朱熹の遺《のこ》した詩文集のどこにも見当たらない。そのため、真の作者は誰なのか、研究者の間で長年の謎となっていた。

一九八九年、「偶成」とほぼ同じ漢詩（転句は「未覚池塘芳草夢」）が、室町時代末期から江戸時代初期における禅僧の滑稽詩を集めた『滑稽詩文』（『続群書類従』巻第九百八十一雑部百三十一）の中に、作者不詳の「寄小人」という題で収録されていることが指摘された。

当時の禅門において、「小人」は「年若い僧」、「少年」は「稚児」を指す。したがって、同じ漢詩が「寄小人」という題になると、「（おまえの好きな）稚児が年老いていくのはあっという間だが、（おまえが）学問を究めることは大変難しい」から、「わずかな時間も惜しんで一生懸命に（稚児と戯れることと学問の両方に）励みなさい」という諧謔《かいぎゃく》になる。つまり、この時代には原作の漢詩が周知されていて、そのパロディとして「寄小人」が作られたと推測されるのである。

その後、「寄小人」時代以前の文献に、「偶成」とほぼ同じ漢詩が、幾つかの異なる題と作者名で掲載されているのが発見された。

現在、最も古い文献とみなされているのは、室町時代の相国寺《しょうこくじ》住持、観中中諦《ちゅうたい》の詩文集『青嶂集《せいしょうしゅう》』に収められた漢詩「進学斎」である。「進学斎」とは「書斎」を指すので、もしこれ以上古い文献が存在せず、「進学斎」が原作であれば、寝ても覚めても書斎に籠って学問を続ける僧侶のことを詠った漢詩ということになる。

「進学斎」　　観中中諦

少年易老学難成
一寸光陰不可軽
枕上未醒芳草夢
階前梧葉已秋声

少年老い易く学成り難し
一寸の光陰軽んずべからず
枕上未だ醒めず芳草の夢
階前の梧葉已に秋声

印刷技術のない当時、漢詩は、手で書き写して後世に伝えられたわけだから、「進学斎」から「偶成」に至る過程で、転句が「枕上未醒芳草夢」から「未覚池塘春草夢」に変化したのは写し間違いがあったからだろう。しかし、題や作者まで変わったのは、なぜだろうか。朱子学は、江戸時代に幕府の「正学」とされ、明治維新後の『教育勅語』にも思想的に大きな影響を与えた。明治十九（一八八六）年、明治政府は「小学校令」により尋常小学校教育を義務化し、明治三十年代になると、最初の義務教育修了者が中学校へ進学する段階で、教育拡大政策を推進した。

そこで多くの国民が新中学生として学ぶ「勧学」の漢詩の作者は、朱子学の創始者こそがふさわしいと、意図的に書き換えられたのではないか。少なくとも、明治時代の漢文の教科書編纂《へんさん》に関わった学者や編集者が、原典を確認せず、題を捏造したことは明らかである。つまり、そこには驚くべき「欺瞞」が潜んでいたのである。

現代の大学生の「オカルト」傾向

かの有名な「少年老い易く学成り難し」という漢詩の継承にさえ「欺瞞」が含まれていたほどだから、現代社会にどれほど「欺瞞」が満ち溢れているかは、改めて指摘するまでもないだろう。

マスメディアやネットのニュースを眺めれば、いくらでも「欺瞞」を発見できるではないか。そう思って、周囲の大学生に尋ねてみると、彼らが驚くほど「欺瞞」に鈍感であるばかりか、むしろ「欺瞞」に満ちた「オカルト」を妄信するような傾向さえ見られることに気付いて愕然《がくぜん》とする。

学生時代も含めると、アメリカの大学に十数年、日本の大学に二十数年以上、ずっと私は大学社会で生きてきた。その流れの中で近年、とくに危惧するようになったのは、日本の大学生が、一方では真摯《しんし》に「学」を追究する気質に恵まれている反面、他方では「欺瞞」に脆《ぜい》弱《じゃく》になってきているように映ることである。この傾向は、処理しきれないほど情報過多の外部環境ばかりではなく、彼らが年々、自分自身で考えることが苦手になってきている内面の傾向にも起因しているように思われる。

私が危惧する「現代の大学生の『オカルト』傾向」を具体的にまとめると次のようになる。

1. いとも簡単に騙される。
2. 非現実的な話を妄信する。
3. 罪悪感なく不正を行う。
4. 自己正当化して自己欺瞞に陥る。

5. 明白にバレる嘘をつく。
6. 非論理的な因習に拘《こだわ》る。
7. 自力でなく運に任せる。
8. 非科学的な迷信に縛られる。

「地下鉄サリン事件」から二十年が過ぎたが、なぜ東京大学医学部、京都大学法学部、東京工業大学工学部、慶應義塾大学医学部、早稲田大学理工学部を卒業したような秀才たちが、いわゆる「エリート」の人生を捨てて、「オウム真理教」のようなカルト教団に入信し、史上稀《まれ》に見る凶悪犯罪に走ったのだろうか。

高学歴が必ずしも「学」に直結するわけではないが、少なくとも、なぜ彼らの「理性」が「妄想」の前で無力だったのか、その意味を改めて考えてみる必要があるだろう。

本書の目的は、一般に「学」を志す読者、とくに大学生諸君を対象として、上記の八つの「オカルト傾向」に対してどのように対処すべきか、判断するためのヒントを提示することにある。これらの八つの「オカルト傾向」の対極に「学」が位置することは明らかだが、いかにして真摯な「学」に到達するかは、あくまで読者個人の判断に委ねられている。

巻末には詳細な「参考文献」を挙げたので、本書をきっかけに読み進めてほしい。いかにして「学」に「欺瞞」が潜入してくるのか、どうすれば「欺瞞」を克服できるのか、そして結果的に「オカルト」の罠から解放されるのか。本書が、読者の「学」の追究において、少しでもお役に立てば幸いである。

目次

第一章 なぜ騙されるのか

スピリチュアリズムの起源はイタズラ！

助手　先生、コーヒーどうぞ。あの、ちょっとお話ししてもよろしいでしょうか。
教授　ちょうど原稿が終わったところ。どうしたの？
助手　実は私の母のことなんですが、最近、父の話ばかりして、少し困っているんです。
教授　それは夫婦仲がよくて、いいことじゃないか。
助手　いいえ、父は一昨年に亡くなりました。交通事故でトラックにはねられて、ほとんど即死でした。

教授　それは知らなかった。どうもご愁傷様……。

助手　その後ずっと、相続や遺品整理で大変だったんですが、最近やっと落ち着いてきたと思ったら、母が「あの世の父」が心配だと言い出したんです。

教授　慌ただしいと気付かなくても、落ち着いた頃にフッと思い出すのが、亡くなった人のことだからね。

助手　それが、フッと思い出す程度じゃないんです！　朝起きると夢に父が出てきたと言うし、昼は写真に何か話しかけているし、夜は思い出話ばかりだし……。最近は、父の「霊」と話すために「霊媒師」のところに行くとまで言い出しているんです。以前の母は、宗教じみたものにまったく興味がなかったのに、今ではスピリチュアリズムの本まで読み始めて……。

教授　その「スピリチュアリズム」という言葉、どうも仰々しく持ち上げる風潮があるようだが、実は歴史は浅くてね。

そもそもの発端は、一八四七年の暮れ、ニューヨーク郊外のハイズビルという村に、両親と二人姉妹のフォックス一家が引っ越してきたことにある。その家で奇妙なことが起こった。当時十四歳のマーガレットと十一歳のケイトがベッドに入ると、どこからともなくコツコツと木を叩くような虚《うつ》ろな音がする。両親は、幽霊屋敷に引っ越したかと思ったそうだが、しばらくすると、姉妹が、その音と交信できると主張し始めた。
助手「交信」って、どういうことですか？
教授　文字通り、その音と会話ができるということだよ。
　姉妹が「私たちの言うことがわかったら返事してね。イエスなら一回、ノーなら二回音を立てて」と言うと、コツンと一回音が鳴った。「あなたは生きているの？」と言うと二回、「死んでいるの？」と言うと一回返事があった。
助手　そんな……。
教授　この音は姉妹がいなければ発生しない。逆に姉妹さえいたら音が答えたから、音の原因は屋敷ではなく姉妹にあることがわかった。そして、フォックス姉妹は、「死者の霊と交信できる霊能者」として評判になった。
　そこからビジネスを企てたのが、すでに結婚して家を出ていた長女だ。彼女は姉妹をニューヨークに呼び寄せて、見物客を募って会費を徴収して「死者の霊と交流する会」を開催した。そこから「交霊会」が発生したというわけだよ。
助手　それで、その音の正体は、何だったんですか？

教授　種明かしをすると、この姉妹には、足の指の関節を鳴らして音を立てるという特技があった。そのイタズラで両親や村人を驚かせているうちに、姉のビジネスに利用されて、後戻りできなくなったわけだ。

そのことは、四十年後の一八八八年になって、マーガレットが「人々を騙して後悔している」と告白して謝罪した。それでも「交霊会」は本物だったと言い張る人がいたというから、人間心理は難しいものだ。

今も昔も、愛する死者の霊と一言でも交信できるなら、金に糸目はつけないという人は多い。フォックス姉妹の真似をして儲《もう》けようという「霊媒師」が山のように現れて、アメリカとヨーロッパを空前の交霊会ブームに巻き込んだ。それが「死者との交流」という意味での「スピリチュアリズムの起源」なんだよ。

助手　スピリチュアリズムがイタズラから始まっていたなんて……。さっそく母に話してみます！

コナン・ドイルとハリー・フーディーニ

助手　スピリチュアリズムがイタズラから始まったという話をしたら、母も少し冷静になってきました。

教授　身近な家族の死を受け止めることは厳しい試練だからね。とくに君のお父さんは交通事故で亡くなったから、お母さんは心の準備をする余裕もなかったんじゃないかな。

助手　そうですね。何の前触れもなく、突然電話で病院に呼ばれて医師の説明を聞いた瞬間、母はくずおれてしまいましたから……。私も本当に辛かったです。

教授　大切な人を失うと、時間が経《た》つにつれて、あれを聞いておきたかった、これを言っておきたかったと、いろいろな心残りが生じるものだ。長く入院した末の病死でさえそうだから、事故死のように突然の出来事となると、通常の悲しみや喪失感に加えて、罪悪感や不安感のような心理的葛藤に襲われる可能性も高い。

そこに付け込んでくるのが「死者の霊と交信できる」という「スピリチュアリズム」なんだ。あれほど理性的な名探偵シャーロック・ホームズを生み出した作家コナン・ドイルでさえ、第一次大戦で最愛の息子を失って以来、スピリチュアリズムに没頭してしまったんだからね。

助手　ホームズといえば、ベネディクト・カンバーバッチ主演の映画『シャーロック』が人気で、女子学生が騒いでいますね。ハンサムでクールな探偵が、スマートフォンやＧＰＳを駆使して犯人を捕まえるなんて、原作とは大違いですが。
教授　ホームズはね、やはり何といっても十九世紀ヴィクトリア朝の霧深いロンドンが似合っていると思うんだがね。原作のホームズを最も忠実に再現しているといわれるジェレミー・ブレット主演の映像を観てごらん。実に味わい深い世界が展開されているから。
それはともかく、晩年のドイルは、ホームズ関連の著作から得た莫大な収入を、惜しげもなくスピリチュアリズム運動に注《つ》ぎ込んだ。
助手　どうしてそんな……。
教授　一九一四年に第一次大戦が始まって間もなく、彼の妻の弟が戦死した。その後、妹の夫と二人の甥《おい》が続けて亡くなり、一九一八年には二十六歳の長男が戦場で病死した。この年にドイルは、「我々の愛する人々が死後の世界に存在することを確信している」と断言した『新たなる啓示』という本を発表した。
助手　タイトルからしてスピリチュアルですね！
教授　その「啓示」というのが、「超常現象」信奉だったわけだ。
当時、「脱出王」の異名で知られていたのが奇術師ハリー・フーディーニだ。彼は、手錠を掛けてロープでグルグル巻きに縛られ、鍵をかけたトランクに入れられて、海に投げ込まれた状態から平気で脱出してみせた。さらに彼は、刑務所の独房からも脱出することができた。

ドイルは、フーディーニがどこからでも脱出できるのは、自分を「非物質化」して鍵穴から通り抜けるからに違いないと信じていた。フーディーニが「トリック」だと何度言って聞かせても、ドイルは、それは嘘だと主張した。この頃ドイルがフーディーニに送った手紙には、「非物質化の秘密を隠して、安っぽいショーの見世物にする行為は、世界に対する損失だ」と書いてある。

助手　ドイルさん、頑固だったんですね。

教授　当時の新聞も、理性を失ったとしか思えないドイルの姿を嘆いて、「哀れなホームズ」とまで酷評したんだが、本人はまったく耳を貸さなかったようだ。

ある日、ドイルは、母を亡くしたフーディーニが彼女と交信できるようにと、霊媒師のところへ彼を連れて行った。霊媒師はトランス状態に入り、それから声をふりしぼってフーディーニに話しかけた。その様子にドイルは感銘を受けたが、フーディーニは笑い転げていた。

ドイルが怒って詰問すると、フーディーニは次のように答えた。「僕の母が英語で話しかけてくるはずがない。母は、イディッシュ語しか喋れないんですよ」

なぜスピリチュアリズムは大流行したのか

助手　それにしても、なぜスピリチュアリズムは大流行したのでしょうか？

教授　やはり戦争の影響が大きいだろう。十六世紀以降の犠牲者数を見ると、ギロチン処刑が大量に行われたフランス革命からナポレオン戦争に至る死者すべてを合わせても四百八十万人だったのに対して、第一次大戦では二千六百万人、第二次大戦ではその倍の五千三百万人以上と桁違いに跳ね上がってしまった。

人々は、一瞬の爆撃で大切な家族を失い、しかもその大多数は臨終に立ち会うこともできなかった。せめて一言でいいから、もう一度死者と言葉を交わしたいと願った人々の数は、計り知れないだろう。

助手　そこで「死者の霊と交流できる」という「霊媒師」が登場するわけですね。

教授　だから、この問題は、一種の社会現象として捉え直すべきかもしれない。

そもそも十九世紀末から二十世紀中頃にかけて、スピリチュアリズムが全盛を迎えた時期には、テレビやラジオも普及していないし、二度の世界戦争と大恐慌などの影響から、将来への見通しも暗かった。毎日、夜になると、悲惨な戦争で跡取りや身内を亡くした多くの家庭は、悲しみに打ちひしがれていただろう。
　そこで人々は、各地で開催されていた交霊会に出掛けた。会場では広間に丸いテーブルが設置され、霊媒師を中心に数名の客がお互いに手と手を取り合う。準備が整うと、「霊が光を嫌う」という理由から、一つだけ灯《とも》されていたロウソクの灯《ひ》も吹き消されて、部屋は真っ暗闇になる。

助手　想像してみると、ちょっと異様な雰囲気ですね。オバケ屋敷に入ったみたい……。
教授　やがて霊媒師がトランス状態に入ると、戦死した男らしい声が聞こえてくる。「妹よ、兄の人生の分も生きて、幸福な結婚生活を送ってほしい」とね。これを自分の兄の霊だと信じた女性客は、嗚咽《おえつ》を漏らす。
助手　でも、その女性客が結婚していなかったら、どうするんですか？
教授　「幸福な結婚生活を送ってほしい」という兄の言葉は、これから結婚するかもしれない未婚者にだって当てはまるだろう。
助手　そういえば、どんな女性にも言える言葉ですね。
教授　霊媒師の発言の大部分は一般論にすぎないんだが、それが励ましや助言として受けとめられる一面もあったかもしれない。いわば「身の上相談会」のようなものだ。客は、他の客の相談や告白も聞けるから、他人のプライバシーを覗《のぞ》き見するおもしろさもあっただろうし、お互いに秘密を共有して仲間意識が芽生えたかもしれない。こうして交霊会は、大流行した。

フォックス姉妹の次に有名になった霊媒師アンナ・フェイの交霊会では、彼女が両手両足を縛られたまま、膝の上に置いた楽器を「霊能力」で演奏してみせることで人気を博した。

この霊媒師のトリックを暴こうとしたのが、ロンドン王立協会の科学者ウィリアム・クルックスだ。彼は、フェイの両手を後ろ手に縛り、さらに真鍮《しんちゅう》のハンドルを握らせた。そのハンドルには微弱な電流が流れていて、もし彼女が手を放したら、電流計の針が動く仕組みだった。

ところが、いつものように部屋が暗闇になると、タンバリンの音が鳴り響いた。クルックスは隣の部屋で電流計を睨《にら》み付けていたが、針は動かない。この実験結果から霊能力を信じるようになったクルックスは、スピリチュアリズムの信奉者に転向してしまった。

助手　種明かしは？

教授　もともとフェイは、縛られても簡単にすり抜けができる奇術師で、後にフーディーニに「極秘」のトリックを明かしている。当時は誰も、まさか女性がそんなことをするとは夢にも思わなかったが、彼女はスカートを捲《まく》りあげて太腿で真鍮のハンドルを挟み、空いた手で好きなように楽器を演奏したそうだ。

なぜ科学者は霊媒師に騙されたのか

助手　科学者としてのクルックスを調べてみたらビックリしたんですが、彼は原子番号八十一番の元素「タリウム」の発見者だったんですね！

教授　一八六一年に発見している。その後、彼は放電現象に興味を持って、一八七五年には真空度を高めた「クルックス管」と呼ばれる真空放電管を発明した。この管で実験を行うと写真乾板が感光することにも気付いていて、もし彼がその原因を追究していたら、レントゲンより二十年も早くX線を発見できたはずだ。

助手　もったいない！　なぜクルックスは研究を続けなかったんですか？

教授　なぜなら、彼が「スピリチュアリズム」に惹かれてしまったからだよ。クルックスが霊媒師フェイに騙されたのが一八七五年、その後は心霊研究に没頭して、一八九六年にはロンドン心霊現象研究協会会長に就任したが、肝心の科学研究は疎かになってしまった。

助手　どうして一流の科学者が霊媒師に簡単に騙されてしまったのかしら……。

教授　クルックスは、フェイの「手」の動きを防ぐことばかり考えていて、まさか当時の女性がスカートを捲りあげて、「太腿」を使うとは夢にも思わなかった。
ドイルの創作した名探偵ホームズは、「他のあらゆる可能性が成立しないとき、それがいかにありそうにないことでも、残ったものが真実だ」という有名な言葉を残している。ところが、クルックスもドイルも、「あらゆる可能性」を十分に検討していないのに、結論に飛びついてしまっている点に問題があるんだよ。
たとえばドイルは、奇術師フーディーニが刑務所から脱出した事実を見て、彼が自分を「非物質化」して鍵穴から出たに違いないと結論付けているが、もちろんこれは間違っている。
助手　刑務所から脱出するなんて、どうやったんですか？
教授　いろいろな可能性が考えられるが、一番わかりやすいのは、刑務所長がフーディーニに便宜を図って、単に鍵を開けた可能性だろう。当時のフーディーニは大スターだから、法務大臣クラスにも友人がいた。上層部の人間が刑務所長に指示した可能性もある。
奇術師は、ありとあらゆる手段を尽くして人を騙すのが仕事だからね。クルックスやドイルのような「イギリス紳士」が、幼少期から躾《しつ》けられた「フェア精神」や「品格」に邪魔されて、想定することさえできないような方法を平気で使った。
　フーディーニは、イギリス植民地の部族を手なずけるためにアフリカに派遣されたことがあった。彼の小屋の床の上には、トランクがあった。その部族の誰も、最も力持ちの戦士でさえ、このトランクを持ち上げることができなかった。ところが、フーディーニが召使の少年に向かって呪文を唱えると、少年は簡単にトランクを持ち上げてみせた。これを見て恐れおののいた部族の全員が、フーディーニにひれ伏した。
助手　種明かしは？
教授　少しは君も考えてみたまえ。
助手　実はその少年がすごい力持ちだったんですか？
教授　フーディーニは、トランクの中に金属板を入れて、小屋の床の下に強力な電磁石を仕掛けて、それをコントロールしていたんだ。
助手　それは、ちょっとズルくないですか？
教授　だから言ったじゃないか、「奇術師は、ありとあらゆる手段を尽くして人を騙すのが仕事」だって。
　交霊会は、暗闇の中で客同士も手を繋《つな》いだ状態で行われたから、霊媒師が客を騙すのは奇術以上に簡単だった。そこで客の不幸に付け込んで金銭を騙し取る悪質な霊媒師も出て来た。大恐慌の後、大金を失った客が一縷《いちる》の望みを抱いて交霊会に行くと、暗闇の中で紙幣が動き回る「霊能力」を見せつけられて、残りの有り金すべてを騙し取られたこともある。

助手　どうやって紙幣を動かしたんですか？

教授　その霊媒師はね、一ドル札をゴキブリの背中に接着剤で貼り付けたんだよ。

なぜ交霊会は暗闇で行われたのか

助手　紙幣をゴキブリの背中に貼り付けたくらいで、簡単に騙されたんですか？

教授　それは暗闇の影響が大きいだろうね。もともと我々人間の祖先は「夜行性」の動物に襲われる恐怖を味わってきたからか、今でもオオカミやコウモリやガのような夜行性生物を忌み嫌う傾向があるだろう。

ドラキュラ伯爵をはじめとする吸血鬼が活動するのも日没後だし、昼間は普通の男が満月の夜になるとオオカミ男に変身するような怪奇談も、「暗闇」に対する人間の潜在的恐怖感を物語るものだ。

交霊会も「霊が光を嫌う」というもっともらしい理由で暗闇の中で行われたから、そこで紙幣がバタバタと動くだけでも、客は胆《きも》をつぶしたと思うよ。

助手　たしかに。私も真っ暗なオバケ屋敷に入っただけで、キャーキャー騒いでしまいますから……。

教授　交霊会も客を飽きさせないように、徐々に新奇な出し物を用意して、ショー・ビジネス化していった。

最初はフォックス姉妹の「音」がイエスかノーで答える程度だったものが、やがて死者の霊が霊媒師に乗り移る「降霊術」に移行して、こちらの方が主流になった。さらにフェイのように両手両足を縛られたまま楽器を鳴らしたり、テーブルや家具が勝手に動くような「ポルターガイスト現象」が加わった。

助手　そういえば、テレビ番組で青森県下北半島の恐山の「イタコの口寄せ」を見たことがあるんですが、あれも降霊術の一種ですよね。

十分間で三千円だったかしら、結構なお値段なのに、長い行列ができるほどの人気で、三時間待ち。それで女優マリリン・モンローを呼び出してもらったら、イタコのお婆《ばあ》さんがすごい東北弁で答えるものだから、スタジオ中が大笑いでした！

教授　フーディーニが霊媒師の嘘を暴いたのも、イディッシュ語しか話せない母親の霊が、流暢《りゆうちよう》な英語で答えたからだった。

もっとも、霊媒師の中には、「死者の霊との交信」を本気で願っている人々を騙していることに良心の呵責《かしやく》を覚える者もいた。一八九一年、霊媒師のイカサマを徹底的に暴いた『霊媒師の暴露』という本が出版された。著者は匿名の霊媒師だが、業界内部の裏話も赤裸々に告白していたため、霊媒師たちはこの本を見ると買い占めては焼き払ったそうだ。

とはいえ、当時十七歳のフーディーニは、この本を読んで霊媒師の嘘を暴くことを決心したというから、大功績を上げたわけだがね。

助手　フーディーニにも嘘がバレないような霊媒師はいなかったんですか？

教授　フーディーニの最大の好敵手と呼ばれたのが、彼が一九二四年に対決したミナ・クランドンだ。

当時ミナは三十六歳、ブルネットの髪につぶらな青い瞳、グラマーな美人で、五十一歳の外科医ルロイ・クランドン博士の妻だった。夫妻は、ボストンの富裕層が集まるビーコンヒルの大邸宅に暮らしていた。

スピリチュアリズムに興味を持つクランドンが妻の霊能力を試してみたところ、亡くなったミナの兄ウォルターが降霊するようになったという。彼らはボストン社交界の名士を呼んでは交霊会を開いたが、金銭はいっさい受け取らなかった。
助手　お金目的でないとすると、夫妻は何のために交霊会を開いたのかしら？
教授　そこが実に微妙なところなんだが、世の中には、いろいろな趣味の夫婦がいるからね。
　交霊会が始まると、ミナは、何も隠し持っていないことを証明するために、絹のストッキングと室内履きに、薄いレースのガウンをまとっただけの姿で現れた。
助手　先生、下着は……。
教授　これには理由があるんだが、下着もつけていないから、ほとんど全裸に近い恰好だよ。しかも夫のクランドンが、客に手を伸ばして彼女に触ってみるように勧めるものだから、客たちは暗闇の中で、彼女の全身を弄《いじ》ったという。
助手　そんな……。

「霊」が物質化した「エクトプラズム」？

教授　一九二二年一月、当時の心霊現象ブームにケリをつけようとしたアメリカの科学雑誌『サイエンティフィック・アメリカン』が、「正真正銘の心霊写真」または「客観的な心霊現象」を実現できた者に、二千五百ドルの賞金を与えるという「心霊コンテスト」を開始した。

調査委員会は、ハーバード大学の心理学者ウィリアム・マクドゥガル、ボストン心霊現象研究協会会長ウォルター・プリンス、マサチューセッツ工科大学の物理学者ダニエル・カムストック、超常現象研究家ハワード・キャリントン、そして奇術師フーディーニの五名によって構成されていた。

助手　フーディーニが入っていると心強いですね！

教授　ところが、賞金目当てで応募してきたのは、使い古された手法を使う霊媒師ばかりで、彼らは予備審査さえパスできなかった。

ようやく委員会が最初に公式に調査したのが五月二十四日、ジョージ・バレンタインという霊媒師だった。彼は、調査委員会のメンバーの目の前で、降霊術と十五回のポルターガイスト現象を起こしてみせたが、それがすべてトリックらしいことは、直後に証明された。

実は彼のイスの下には銅線が張り巡らされ、彼が少しでもイスから浮くと隣室の電流計に表示される仕組みになっていた。さらに記録係が彼の発言とポルターガイスト現象の時刻を詳細に記録していたところ、何らかの超常現象が起こる時刻には、必ず彼がイスから浮いていたことが明らかになった。この事実を告げられたバレンタインは、翌日も調査を受ける予定だったのに、急用ができたと言って、逃げ去ってしまった。

助手　うふふふ！

教授　この結果が全米の新聞に報道されると、もはや霊媒師は誰も心霊コンテストに応募しなくなった。調査委員会でニセモノだと判定されたら、その後の商売ができなくなるからだ。

　この状況に業を煮やしたのが、サイエンティフィック・アメリカン社の社長オルソン・マンだ。せっかくのコンテストに霊媒師が応募してこなければ、記事にできないわけだから、何としても本物の霊媒師を探し出すようにと記者マルコム・バードに命じた。そこでバードが探し当てたのが、ミナだった。

助手　先生、ミナが下着をつけないことには理由があるとおっしゃいましたよね。私、そこが気になって仕方がないんですが……。

教授　その理由は、今から説明するから、ちょっと落ち着いて。

　ともかく、当時の招待客がクランドン家を訪れると、執事に招き入れられる。夫はタキシード、妻もドレスの装いで、他の名士とともに優雅な晩餐会が始まる。フランス料理のフルコースに、最高級のシャンパンやワインが振る舞われた。

助手　一九二〇年から三三年のアメリカといえば「禁酒法」時代ですよね。

教授　だからこそ、選ばれた客たちは秘密のパーティに招かれて大喜びだっただろう。彼らは、酔っていい気分になった後、食後の葉巻を楽しみ、交霊会が行われる最上階の小部屋に移動する。

暗闇の中、ほとんど全裸のミナが登場し、客たちの身体検査を受けた後、トランス状態に入る。しばらくして彼女の足元を夫が赤い懐中電灯で照らすと、「濡れてぐにゃぐにゃした白い物質」が映し出される。これが霊媒師の体内から出現した「霊」が物質化した「エクトプラズム」だというわけだ。

当時の交霊会では、霊媒師が身体から「エクトプラズム」を出してみせるのが流行だったから、霊媒師たちは懸命に練習して、ガーゼや卵の白身を、口や鼻の穴から出してみせたものだ。

助手　それをミナは下半身から……。信じられない！　そのために彼女は下着をつけなかったわけですか！

それで、その「白い物質」は何だったんですか？

教授　誰もそれを検査したわけではないから正体は謎だが、どうもミナは、ブタの肺臓を使ったようだ。

コナン・ドイルが騙された交霊会のトリック

助手　クランドン夫妻って、ちょっとアブノーマルすぎるんじゃないでしょうか。
教授　それは何を「アブノーマル」と定義するかによって、いろいろな意見があるだろうが、世の中にはさまざまな夫婦がいるからね。
　社会的には、クランドン博士はハーバード大学で講義も受け持つ著名な外科医、ミナは「気品ある医師夫人」の役割を立派に果たしていた。とはいえ、当時は娯楽の少ない禁酒法時代だから、ボストン社交界の名士として振る舞わなければならない窮屈な日常の中で、彼らが内面に大きなフラストレーションを抱えていた可能性も十分あっただろう。
助手　そこでクランドン夫妻は、秘密のパーティを開いて、シャンパンやワインを酌み交わし、ミナがエロティックな霊媒師を演じたわけですか。つまり彼らの交霊会は、一種の「現実逃避」だったということ？
教授　おそらく当初はね。ミナに降霊する兄のウォルターは、とても婦人が口にできないような汚い言葉を使ったというが、これもミナの「ストレス発散」の手段だったのかもしれない。

助手　ミナは、どこでそんな言葉を覚えたんですか？
教授　彼女はもともとカナダのオンタリオ州の農家出身だから、周囲の農夫の荒れた言葉を覚える機会は幾らでもあっただろう。
十代後半になると、ミナは都会のボストンに出てきて教会の秘書になり、そこで出会った食料品店経営者と結婚した。その後、盲腸炎に罹《かか》り、その手術を担当した医師クランドンと恋に墜ちたというわけだよ。
助手　すると、彼らの結婚は不倫から始まっていたんですか！
教授　当時、クランドンにも二度目の妻がいたから、ダブル不倫の関係だったことになる。クランドンが富豪だから、双方の離婚もお金で解決できたようだがね。一九一八年、二十九歳のミナは、十五歳年上のクランドンの三度目の妻となった。
彼らの交霊会は秘密だったのに、それを嗅ぎつけた科学雑誌『サイエンティフィック・アメリカン』の記者バードが「心霊コンテスト」に応募するよう執念深く迫ってきたことから、状況が変わった。
助手　夫妻は今さら賞金もいらないでしょうし、断ればよかったのに……。
教授　実際、彼らは何度も断ったんだよ。ところがバードが「ミナ・クランドンこそが心霊コンテストの最初の優勝者になるだろう」という記事を勝手に発表してしまったため、後戻りできなくなった。
助手　ミナは、小さな演技を積み重ねて交霊会を開いているうちに、嘘が雪だるまのように膨れ上がって、身動きが取れなくなったんでしょうね。フォックス姉妹がイタズラから抜け出せなくなった状況とそっくり……。
教授　こうなると、ミナも「真正の霊媒師」のプライドをかけて心霊コンテストに出場せざるを得なくなった。そこで彼女の最大の支援者になったのが、大作家ドイルだ。
助手　またドイルですか！
教授　交霊会に招かれたドイルは、ミナの真向かいに座って、彼女の両足を膝で挟むように指示された。ところが、降霊したウォルターの声は、ドイルの耳元で囁《ささや》いた。この霊能力に感銘を受けて以来、彼はミナの熱烈な崇拝者になった。
ドイルはミナに「真実を追求する貴女《あなた》の偉大な努力を称《たた》えて」と刻印した銀のカップを贈ったほど感動した。
助手　どうしてミナはドイルの耳元で囁けたんですか？
教授　これはミナの前夫が証言していることだが、実は彼女の特技は「腹話術」で、十代の頃にはアマチュア劇団の女優として活躍していたこともあったそうだ。

ミナの腹話術は洗練されていて、完全な男言葉で喋ることはもちろん、自分の声で話している最中に、ウォルターの声を織り交ぜることもできたそうだ。その声を、部屋の構造を利用して、あちこちから反響させることもできたという。

助手　それだけの才能、もっと別の世界で活かせたらよかったのに……。

妖精写真にも騙されたコナン・ドイル

助手　ドイルといえば、どんな複雑な事件でも冷静に推理して解決する名探偵ホームズの生みの親ですよね。なぜ簡単に騙されてしまうのかしら。

教授　この当時のドイルは、ホームズというよりも、何でも単純素朴に信用してしまうワトソン博士そのものだった。もちろん、ドイルも自分の熱情的な性格を十分認識していたはずだが、晩年はスピリチュアリズムに惹かれるあまり、正常な判断力を失っていたように映る。

一九一七年、イギリスのコティングリー村に住む十六歳のエルシー・ライトが、九歳の従《い》姉妹《とこ》フランシス・グリフィスと「妖精」を一緒に撮った有名な写真がある。フランシスの目の前で、薄いドレスを身に纏《まと》い、背中に蝶の羽の生えた妖精たちが踊っている。エルシーは、その後の三年間に合計五枚の妖精写真を撮った。
助手　どう考えても、子ども騙しのトリック写真でしょう?
教授　そのトリックにコロリと騙されたのが、ドイルだ。彼は、これらの写真こそが「霊が物質化した証拠」だと宣言し、一九二〇年の『ストランドマガジン』クリスマス号に掲載させた。この雑誌は、ホームズ・シリーズのおかげで爆発的に売れていたから、編集部も断りきれなかったようだ。

ドイルが騙された「妖精写真」

さらにドイルは、一九二二年に『妖精の出現』という本を出版して「妖精写真」の正当性を主張している。その主な根拠とは、少女に写真を捏造する技術はないし、そもそも嘘をつき続けるはずもないから……。
助手　ドイルさん、しっかりして!
教授　事件から六十六年が過ぎた一九八三年、エルシーとフランシスは、妖精写真を捏造したことを告白して謝罪した。二人は絵本の妖精の絵を模写して切り抜き、ピンで草木に固定して写真を撮ったそうだ。

助手　でも、それにしては、うまくできた写真でしたね。

教授　エルシーの父親は自宅に暗室を完備するカメラマンでね、一種の芸術写真を制作するつもりで写真に補正を加えた。ところが、彼の妻がそれを当時の新興神秘思想結社「神智学協会」に持ち込み、そこで「本物」と認定されてしまったため、もはやイタズラとは言えない状況になったようだ。

助手　スピリチュアリズムの話を聞いていると、最初は小さな嘘やイタズラなのに、徐々に話がエスカレートして、後戻りできなくなった事例ばかりですね。

教授　それはスピリチュアリズムに限った話ではなく、「不正」を行う人間に共通する習性かもしれない。周囲が熱狂して騙されていくにつれて、不正者の感覚も麻痺していく……。

助手　現代社会にも似たような事件が沢山ありますね。

霊媒師の鼻からオバケみたいな「エクトプラズム」が出ている写真もありますが、あれもトリックでしょう?

教授　そもそも「エクトプラズム」は、フランスの生理学者シャルル・リシェがギリシャ語の「エクト（外）」と「プラズム（形質）」を組み合わせた造語だが、君は、彼が別に命名した「アナフィラキシー」という言葉を知っているかね?

助手　特定の物質が体内に摂取されると抗体ができる。その物質が再度体内に入ると、アレルギー反応が過度になることがある。ハチに刺されたことがある人は、二度目にショックの危険性があるということですね。

教授　その「アナフィラキシー・ショック」の原因を解明したのがリシェだ。彼はその功績によって、一九一三年のノーベル生理学・医学賞を受賞している。その一流の科学者リシェでさえ、「霊の物質化」を信じた時代だったということだよ。

しかし、現代は唾液からＤＮＡが特定できる時代だからね。「エクトプラズム」が実在しない何よりの証拠は、物質の素材を精密に検査できるようになった第二次大戦以降、「エクトプラズム」を披露する霊媒師が消え去ったということだ。

助手　なるほど！

解説——知識人こそ騙されやすい！

本章のエピソードで中心になる主題は、「理性的」で名高い名探偵シャーロック・ホームズを生み出した作家であり医師でもあるコナン・ドイル、原子タリウムを発見したウィリアム・クルックス、ノーベル生理学・医学賞を受賞したシャルル・リシェのような、当時のいわゆる「理系」の「一流知識人」が、現代から考えたらバカげているとしか思えないような霊媒師のトリックに、あっけなく騙されたという事実である。

そもそも科学者の思考は合理的なはずであり、彼らが非合理な信念を持つはずがないと思われるかもしれない。ところが、科学者の信念が正しくなかった事例は、過去、無数に存在するのである。

たとえば、熱力学の第二法則を発見し、古典物理学のあらゆる分野に六百以上の論文を書いた物理学者ウィリアム・トムソン（爵位名「ケルビィン卿」としても知られる）は、十九世紀末に地球各地の地質を綿密に調査して、球体の冷却速度の法則から地球の年齢を四億年未満と推定した。同時に彼は、太陽の熱が重力の収縮によって生じる速度を計算したところ、その年齢も五億年未満という結果だった。

つまりトムソンは、地球と太陽という二つの異なる対象に、「冷却速度」と「収縮速度」という二つの異なる物理法則を適用したところ、どちらも四億〜五億年という結果だったため、「太陽系の年齢はどう考えても五億年未満」だと「自信たっぷり」に断定したわけである。

実際には、トムソンが予想もしなかった地球内部のマントル対流による熱伝導速度や、太陽の核融合による放射線の崩壊熱を複合的に織り込んで計算した結果、現在では太陽系の年齢は約四十五億七千万年であろうと推測されている。

ところがトムソンは、本来は複合的要因から導かなければならない結論を、たった二つの法則から（しかもその推定値が偶然近かったため）断定してしまった。これこそが「一流知識人」であればあるほど陥りやすい罠であり、要するにトムソンは、自分の持つ知識だけから結論を導くという「過信」に陥ってしまったわけである。しかも、いったん信じ込むと、むしろ知識人の方が自分の知性を総動員して自己の「妄信」を弁護しようとするため、さらに自分が間違っていることを自覚し難くなる。

生物学者リチャード・ドーキンスによれば、そこで生じた大問題は、十九世紀の科学界に大きな影響力を持つトムソンが、進化が生じるためには「地球は若すぎる」ことを「証明」したと信じ込んで、ダーウィンの進化論に対して猛攻撃を開始したことだった。

さらにトムソンは、レントゲン撮影は「トリック」であり、電波通信に未来はなく、空気より重い人工物体が飛行することは不可能だと信じていた。トムソンと同じ時期にアメリカで活躍した天文学者サイモン・ニューカムは、「現在までに知られている物質、力学、物理力をどのように組み合わせても、人間が空中を長距離飛行するような機械を作ることは不可能である。この論証は、他のすべての物理学的事実の論証と同等に明らかである」と述べている。しかも、彼は、ライト兄弟が一九〇三年に人類史上初めて飛行機で空を飛ぶ少し前に、このように発言してしまったのである。

ライト兄弟が偉業を成し遂げた後、ハーバード大学天文台長のエドワード・ピッカリングは、飛行機の可能性は認めざるを得なかったものの、今度は、それが実用化されるようなことはないと断言した。彼は、次のように述べている。「大衆は、多数の乗客を乗せた、現代の蒸気船のような乗り物が、空を飛ぶようになると想像するかもしれない。しかも、彼らは、そのような飛行機が、すばらしいスピードで大西洋を横断すると空想しているのである。……しかし、これは、まったくの夢と断言して差し支えないだろう。仮に一人か二人の乗客を運ぶことができたとしても、その費用は莫大なものになるからだ」

ピッカリングは、「専門家」としての緻密な計算を行った結果、飛行機は、空気抵抗の影響により、彼の時代の「特急電車のスピード」さえも超えられないことを「証明」している。各々の分野では偉大な科学者として知られる彼らが、これほど誤った信念を抱くようになったのも、彼らが自分の専門分野での成功から「過信」に陥った結果に他ならない。

逆に、人を騙すプロフェッショナルとしての手品師を考えてみよう。五十年以上も手品を趣味にしていた数学者マーティン・ガードナーは、「手品師というものは完璧な嘘つきだ。手品師の原理は、一部は物理学や心理学の応用だが、大部分は手品特有の虚偽で、きわめて巧妙な種類の意図的な詐欺が、隅から隅までしみわたっている」と述べている。たとえば、手品師は「ハートのエース」を観客に見せて、裏返しにする瞬間に別のカードにすり替えておきながら、「これはハートのエースでしたね」と平気で嘘をつく。何も隠していないように手のひらを広げて見せながら、手の甲にはものを隠している。要するに、あらゆる手段を尽くして観客を騙すことが、手品の目的なのである。

現代のデビッド・カッパーフィールドのような天才的な手品師になると、この「嘘」を芸術にまで高めて、「自由の女神」を消したり、壁を通り抜けたり、空中を浮揚してみせる。これらの現象は完全に自然法則に反しているわけだから、自然法則の専門家である科学者が、このような手品に騙されるはずはなさそうだが、ガードナーは、むしろ逆だと『奇妙な論理』で次のように述べている。

「手品師ならば誰でも、科学者こそが世界で最も騙しやすい観客だと答えるだろう。その理由は容易に理解できる。科学者の実験室では、何もかもが見たままだ。背景の鏡も、秘密の別室も、隠された磁石も存在しない。助手が化学薬品Aをビーカーに注ぎ入れるとき、こっそり別の薬品Bを代わりに入れるようなことはまずない。……科学者の考えることはいつも合理的だ。それまでずっと合理的な世界ばかりを体験してきたからだ。ところが手品の方法は非合理的で、科学者が全く体験しないような種類のものなのだ」

第一章——課題

1．これまでに誰か、あるいは誇大宣伝や虚偽広告などに騙された経験はあるだろうか。あれば、その経験を思い出して、なぜ自分が騙されたのかを分析しなさい。［ヒント——逆に、どのような点に警戒していたら、騙されなかっただろうか。］

2．誰かを騙すとしたら、あるいは騙すための宣伝や広告を開発するとしたら、どのようにすれば効果的だろうか。［ヒント——人の弱みに付け込み、盲点を突きながら、すぐに気付かれないためには、どうすればよいだろうか。］

3．現代社会において、人を騙して儲けている職種は何か。それらの職種をリストアップして、どうすればそれらの職種を撲滅できると思うか、その対策を考えなさい。［ヒント——「独立行政法人・国民生活センター」や「消費者庁・消費者の窓」サイトを参照。多種多様な悪徳商法・詐欺商法・霊感商法などの被害相談が掲載されている。］

第二章 なぜ妄信するのか

ミナ・クランドンとハリー・フーディーニの対決

教授　一九二四年七月二十三日、サイエンティフィック・アメリカン社の社長オルソン・マンと奇術師ハリー・フーディーニが、初めてクランドン家の交霊会を訪れた。この会合を手配したのは、「ミナ・クランドンこそが心霊コンテストの最初の優勝者になるだろう」という記事を書いた記者マルコム・バードで、彼はクランドン家に居候していた。

助手　記者が取材対象の家に居候していたんですか？

教授　バードは、夫妻がトリックを使っていないか内部調査するために数週間滞在しただけだと弁解しているが、明らかに通常の取材を逸脱しているだろう。マンとフーディーニも夫妻から滞在を勧められたが、二人は「それでは公平な判断ができなくなるから」と断って、ホテルに宿泊した。

夫妻は、滞在客には居心地のよい部屋と最高級の料理、そして禁酒法時代にもかかわらず密輸入酒や密造酒をふんだんに提供した。そのうえ三十六歳の妻ミナが思わせぶりな魅力を振りまいたから、バードはメロメロに籠絡《ろうらく》されていた。

助手　どうして男性は、その種の女性にコロリと騙されてしまうのかなあ……。

教授　バード以上に深刻な問題だったのは、調査委員会の五人のメンバーの一人である超常現象研究家ハワード・キャリントンが、ミナの魅力の虜《とりこ》になってしまったことだ。彼は、ミナの交霊会に五十回以上も参加する常連客になっていた。

日頃は超常現象に懐疑的なキャリントンが「ミナの交霊会では本物の超常現象が頻繁に起こる」と証言したため、他の委員も少なからずミナへの授賞に意見が傾くようになった。しかも、ミナを崇拝する作家コナン・ドイルに加えて、ノーベル賞受賞者シャルル・リシェがミナの「霊能力」を認めたため、彼女の受賞はほぼ確実とみなされるようになっていた。

助手　フーディーニは？

教授　フーディーニは、クランドン家の交霊会を終えてホテルに戻る車の中で、「彼女の正体がわかった。全部インチキだ」とマンに語った。そして、もしミナに賞金を渡したら「あなたの雑誌は物笑いの種になる」と警告し、彼女の「不正」を暴いてみせると誓った。

助手　フーディーニさん、ステキ！

教授　そして八月二十五日、ついに調査委員会の公式の交霊会が開かれた。ところが、その結末は、フーディーニがミナのトリックを看破したと主張する一方で、キャリントンがミナの降霊術は本物だったと擁護し、残る三人の委員が二人の見解に右往左往するという後味の悪いものになった。

この時点で印刷に回っていた科学雑誌『サイエンティフィック・アメリカン』九月号には、ミナの「霊能力」を絶賛するバードの記事が掲載されていた。それを知って驚愕したフーディーニは、マンを必死に説得して印刷を中止させ、バードの記事を削除させた。

助手　どうしてそんなことになったんですか？

教授　マンは経営者だから、販売部数が伸びる記事に流されやすかった。そんな横槍ばかり入ってくるから、不正を暴くという行為は、なかなか一筋縄ではいかないということだよ。とくに不正者に有力な支援者が沢山いるような場合はね。

交霊会のミナは、両手両足を拘束された状態でテーブルを浮かせたが、これは彼女が頭部をテーブルの下に入れて持ち上げるトリックだった。それを見破ったフーディーニは、テーブルの下で彼女の頭を掴んだが、ミナは、降霊した兄ウォルターに頭を押さえつけられたと言い張った。

美貌の霊媒師に「悪意」など絶対にないという先入観に縛られた人々は、この種の言い訳に簡単に丸め込まれてしまう。逆に彼らはフーディーニに向かって、「ユダヤの旅回りの芸人」が売名と金儲けのためにミナを誹謗《ひぼう》中傷していると、非難を浴びせる始末だった。

助手　今も昔も、「人間性」というものは変わらないんですね。

「心霊コンテスト」の審査結果

教授　ミナの交霊会の審査結果は全米の注目を浴びていたが、調査委員会では議論が続くばかりで、合意に至らなかった。

この状況に業を煮やしたフーディーニは、ミナが「霊能力」を示せなかったと新聞社にリークした。そこで『ニューヨーク・タイムズ』紙は「巧妙なトリックの表裏を知り尽くした紳士のおかげで、心霊も居心地が悪くて出現できなかったようだ」と、フーディーニを称賛する記事を掲載した。

これに対して、超常現象研究家キャリントンは、フーディーニが委員会の守秘義務に違反して情報を漏らした点を攻撃して、彼を「売名家」と批判した。あくまでミナを擁護するキャリントンは、委員会の規定を盾に取って法的にフーディーニの口を封じ、世間の熱狂が冷めるまで結論を先延ばしさせようとした。

助手　九十年前の事件なのに、現代の事件と似たような進展でビックリ！

教授　それでも世間の関心が収まらなかったため、委員会は十月、『タイム』誌に暫定的な調査報告を発表した。ミナは心霊現象の「厳密な証拠」を示すことはできなかったものの「興味深い現象」を生じさせており、「さらなる審査の必要がある」という、何とでも解釈できる内容だった。

委員会の中途半端な姿勢に激怒したフーディーニは、ミナの交霊会で生じた現象は「すべて意図的かつ意識的な詐欺行為である」と公言し、十一月には『ボストンの霊媒師のトリックを暴く』という四十ページの小冊子を出版してミナのトリックを挿絵付きで公開した。

助手　フーディーニは、そんなに怒ったんですか？

教授　これには伏線があってね。今回の事件では、全米のスピリチュアリストが団結してミナを全面的に応援していた。というのも、霊媒師がサイエンティフィック・アメリカン社の心霊コンテストに優勝すれば、彼らは晴れて「科学」からお墨付きを貰えて、その後の商売も大繁盛するからだ。

　したがって、彼らの邪魔ばかりするフーディィーニは「最大の敵」であり、我慢ならない存在だった。そこでフーディィーニの自宅の壁には「呪い」の言葉がペンキで落書きされ、猫の死骸が郵送されるような嫌がらせが毎日のように続いた。

助手　ひどい……。

教授　フーディィーニの下積み時代からアシスタントとして苦労をともにしてきたのが、彼の愛妻ベアトリスだ。しかし、誰よりもフーディィーニを理解しているはずの妻でさえ、夫が「霊媒師の不正を暴露する」ことには反対した。すでに大成功してスターになった夫が、なぜ敵を作り、味方のはずの科学者からも裏切られるような不愉快な仕事を続けなければならないのか、彼女には理解できなかった。

助手　たしかに妻としてはすごく悔しいでしょうね。

教授　とくにベアトリスが恐怖を感じたのは、ボストンの霊媒師が団結して「フーディィーニは一年以内に死亡する」と予告したことだった。十二月、シカゴでは六十五団体のスピリチュアリストが「霊界を侮辱したフーディーニの死」を願うデモ行進を行った。
助手　ひどすぎるわ……。
教授　フーディーニも負けてはいなかった。彼は、一九二五年一月二日、ボストン・シンフォニーホールを借り切って、自ら「心霊コンテスト」を開催した。もし会場にミナが現れて「心霊現象」を披露し、そのトリックを見破れなかったら、彼は即座に一万ドルを支払うと宣言し、聴衆の目の前で債券を広げてみせた。
助手　その賞金、サイエンティフィック・アメリカン社のコンテストの四倍ですね！
教授　ミナが来ないとわかると、フーディーニは志願者に頭巾を被《かぶ》せて暗闇の状況を再現し、観客には舞台照明をつけたままで、ミナのトリックを演じてみせた。志願者がフーディーニの靴を押さえつけているのに、彼は片足をうまく靴から引き出して、足の指でタンバリンを鳴らしてみせた。満員の観客は、大爆笑した。

「心霊現象」は「通常」の物理現象

教授　サイエンティフィック・アメリカン社の心霊コンテスト調査委員会は、交霊会から半年以上が過ぎた一九二五年二月、ようやくミナに対する授賞の是非を投票し、四対一で却下した。賛成したのは、キャリントンただ一人だった。
科学雑誌『サイエンティフィック・アメリカン』二月号は、却下に至った理由を次のように述べている。「委員会は彼女の心霊現象を調査してきたが、その発生原因を必ずしも突き止めたとは言い切れない。しかし、通常の方法で発生させることができないと断定できる現象も何一つなかったと言わざるを得ない……」
助手　遠回しだけど、要するにミナの「心霊現象」は「通常」の物理現象で説明できるということですね。
教授　その事実をボストン・シンフォニーホールを借り切って実演してみせたのが、フーディーニだった。彼は、ミナが交霊会で起こしたポルターガイスト現象すべてをトリックで再現した。この「暴露劇」から世論の声が高まって、調査委員会も判定を採決せざるを得なくなったわけだ。
助手　もし心霊コンテストで霊媒師を優勝させていたら、『サイエンティフィック・アメリカン』誌の権威も失墜して、現在のような立派な科学雑誌になっていなかったでしょうね。そうなると、日本版の『日経サイエンス』も存在しなかったかも……。
教授　目の前で生じる現象を安易に受け入れず、常に批判的かつ実験的に検証したフーディーニの功績が大きいだろう。その後、彼の忠告によって、心霊コンテストそのものも廃止されることになった。

助手　そもそもタリウムを発見したクルックスやノーベル賞を受賞したリシェのような科学者が、霊媒師に騙された方が不思議です。それ以上に理解できないのは、妖精まで信じてしまうドイルですが……。でもフーディーニのおかげで、彼らも目が覚めたでしょう？

教授　それがまったく逆でね。心霊コンテストの騒ぎで霊媒師ミナの名前は大評判になり、交霊会は数カ月先まで予約で一杯になった。崇拝者ドイルも、ますます頑固に彼女を擁護するようになった。

かつてユリ・ゲラーがスプーン曲げをはじめとする「超能力」を披露して話題になったことがある。一九七五年、「フーディーニの後継者」を自他ともに認める奇術師ジェームズ・ランディが『ユリ・ゲラーの手品』という本を出版し、ゲラーの「超能力」すべてをトリックで再現できると主張、実際にゲラーとまったく同じ現象を実演してみせた。

そのうえでランディは「手品を超能力と偽るゲラーは詐欺師である」と公言したため、ゲラーが千五百万ドルの損害賠償を伴う名誉毀損でランディを訴えた。ところが一九九四年十二月、合衆国コロンビア特別区裁判所は、その訴訟を却下し、逆に「自称超能力者ゲラー」

に対して、制裁金十万ドルを科す判決を下した。

助手　ユリ・ゲラーといえば、今もネットの課金占いに登場していますよ！

教授　霊媒師や超能力者とまったく同じ能力をトリックで再現できても、「最初からすべてがトリックだった」という証明にはならないからね。いまだにゲラーの「超能力」信者がいるように、当時もミナの「霊能力」信者は後を絶たなかった。

とはいえ、ミナは次第に馬脚を現し始めた。一九二六年七月、デューク大学の心理学者ジョセフ・ラインがミナの「心霊現象」を徹底的に調査した結果、決定的な不正の証拠の数々を掴み、その詳細を学術論文に仕上げて、学会誌『異常社会心理学』に投稿した。ラインは心理学者の妻と一緒に調査したから、ミナも妖艶な魅力を振りまけなかったわけだ。

この論文を読んで激怒したのがドイルだ。彼は金に飽かせてボストンの主要新聞の一面を買い取り、一行広告を掲載した。「ジョセフ・ラインはバカだ」とね。

ミナ・クランドンの晩年

助手　いくら腹を立てたとしても、ボストンの主要新聞の一面を買い取って「ジョセフ・ラインはバカだ」と広告するなんて、ドイルは常軌を逸していたんじゃないですか？

教授　現代社会では考えられない名誉毀損だが、一九二六年にドイルほどの名声と資金があれば、そういうこともできたわけだ。

ドイルがそこまで激怒した理由は、ラインの論文が、ミナが手の爪を使って計測器のネジを緩めたり、口に紐を咥《くわ》えるトリックを立証して、「彼女の交霊会は完全な詐欺行為である」と理路整然と結論付けたからだ。

助手　ドイルは、フーディーニのことは怒らなかったんですか？

教授　二人は心霊現象については正反対の立場だが、それ以外の点では長年の間、奇妙な友情で結ばれていた。フーディーニは「名探偵ホームズ」を生み出したドイルを尊敬していたし、ドイルはフーディーニが「非物質化」によってどこからでも脱出できる超能力者だと信じていたからね。

しかし、フーディーニが「暴露劇」でミナの交霊会を茶化して以来、二人の友情も決裂してしまった。ドイルは、ミナが「献身的な霊能力者」であるにもかかわらず、「悪魔的」なフーディーニが「世界的陰謀」によってミナを陥れようとしているという話を記者に語った。

これに対してフーディーニは、ドイルが「老いぼれたため」ミナに「易々と騙された」と反論し、「サー・アーサーは私のことをミディアム（霊媒師）と言うが、私はウエルダンだよ」とステーキの焼き加減のダジャレでからかった。
助手　うふふふ！　でも、友情が壊れたのは残念……。
教授　二人は心霊現象について多くの手紙をやりとりし、新聞や雑誌でも討論している。その詳細は『ドイルとフーディーニの不思議な友情』という分厚い英語の本に描かれているから、読んでみたまえ。
助手　原文ですか。日本語版が出たら読みたいな。
それで、ミナはどうなったんですか？
教授　大衆心理とはおもしろいものでね。フーディーニがミナのトリックを実演しても彼女の人気は衰えなかったのに、科学者が権威ある学会誌に論文を発表すると、世間も彼女を疑いの目で見るようになった。
一九二八年、心霊現象の確固とした証拠を求められたミナが、降霊した兄ウォルターに「存在している証拠を見せて」と言うと、兄の「霊」が親指の指紋をロウに残した。彼女は、その指紋は兄の遺品の剃刀《かみそり》に残っていたものと同じだと主張した。スピリチュアリストたちは、この「証拠」によって、死後の霊の存在も物質化現象も同時に証明されたと大喜びした。
助手　まさか……。

教授　このトリックが暴かれるまでには三年かかった。一九三一年、ボストン心霊現象研究協会のメンバーがクランドン家に出入りする客の指紋を集めて分析した結果、ロウの指紋がミナの歯科医の親指の指紋と完全に一致することを発見した。詰問された歯科医は、ミナに頼まれて親指の指紋を押したことを白状した。

助手　「天網《てんもう》恢恢《かいかい》疎《そ》にして漏らさず」ですね！

教授　その後、関係者には取材が殺到した。心霊コンテストで唯一ミナの授賞に賛成したキャリントンは、ミナと恋愛関係にあったことを白状した。ミナを心霊コンテストに引き込んだ記者バードも、彼女と性的関係を持ったことを認めた。さらに夫のクランドンは、複数の看護婦との不品行が大学病院で問題になり、その病院に出入り禁止となったことまで暴露された。

助手　やはりクランドン夫妻はアブノーマルだったじゃないですか！

教授　夫が亡くなると、ミナはアルコール依存症になった。かつての美貌の跡形もなくなり、ブクブクに太って、交霊会の最中に何度も窓から飛び降りようとしたという。ミナは肝硬変のため、五十三歳で他界した。

助手　悲惨な結末……。

日本の「スピリチュアリズムの父」も騙された

助手　「霊の指紋」といっても、ロウにヒトの拇印《ぼいん》が押された物的証拠ですよね。誰の指紋か特定されたらトリックだとわかるのに、なぜミナはそんなものを捏造したんですか？

教授　周囲から霊の証拠を見せろと追い詰められたこともあるだろうが、それ以上に、どうせバレないと高をくくっていたようだ。なにしろミナと歯科医は、交霊会のたびに霊の指紋を作製して、なんと二百個以上も客に配っているんだからね。お土産に三個貰った日本人もいるくらいだよ。

助手　日本人ですって？

教授　日本の「スピリチュアリズムの父」と呼ばれる浅野和三郎という人物だ。彼は、一八七四年に茨城県の医師の家庭に生まれ、東京帝国大学英文科に進学、小泉八雲から英文学を学んだ。在学中にディケンズの『クリスマス・キャロル』の翻訳や自作の小説も発表している。帝大卒業後は海軍機関学校の英語教官となり、日本で初めてシェイクスピア全集を完訳したことでも知られる。

ところが、息子が原因不明の病気になったことからスピリチュアリズムに傾倒し始め、一九一六年に仕事を擲《なげう》って、新興宗教団体「大本《おおもと》」に入信した。
助手　ドイルも息子の死をきっかけにスピリチュアリズムに没頭するようになりましたね。
教授　ドイルの長男が亡くなったのが一九一八年だから、どちらも第一次大戦中の出来事だ。欧米のスピリチュアリズムは、当時の日本の新興宗教にも多大な影響を与えているんだよ。
　大本は、一八九二年、教祖の出口なおが「国常立尊《くにのとこたちのみこと》」の神憑《かみがか》りになって祈祷《きとう》や予言を行ったことに始まり、娘婿の出口王仁三郎《おにさぶろう》が新聞社を買い取って大掛かりに宣伝したため、瞬く間に信者三十万人を超える教団に急成長した。その教義の特徴は、明治五十五年に「世の立替」の天変地異が起こるという終末論にあった。
助手　オウム真理教の「ハルマゲドン」みたいですね。
教授　たしかに終末論はカルト宗教の教義にもよく登場する。大本の信者には若い軍人も多かったから、政府は、彼らの間にこの種の終末論が広まることに重大な危機感を抱いた。しかも大本の奉る国常立尊は天照大神より上位の神であることから、政府は「不敬罪」に相当するとみなし、大本を「弾圧」した。この大本教事件をきっかけに浅野は教団を去り、「心霊科学研究会」を設立した。
助手　ロンドンやボストンと同じようにですか？

教授　有名な「心霊現象研究協会」の日本支部の意気込みだろう。彼は英語を話せたから、一九二八年、ロンドンの国際スピリチュアリスト会議で「近代日本におけるスピリチュアリズム」を英語で講演した。その後ボストンへ渡って、クランドン家を訪れた。

浅野の『欧米心霊旅行記』には、彼がミナ・クランドンに大歓迎された様子が描かれている。「気さくで快活な夫人」が彼に自由に使ってほしいと邸宅を案内し、貯蔵庫には「白米も醤油もあります。お好きなものをどうぞ」と言ったそうだ。

交霊会では、暗闇に浮かび上がった「霊」の手が、高温のロウに親指を押しつけた。浅野は「何もかもが極めて事務的で、死者の霊魂の作業というよりも、むしろ一人の気軽な青年が作業をしているような感じ」だと述べているが、事実、隠れていた歯科医が現れて作業したのだから、浅野の印象は正しかったわけだ。

助手　あははは！

教授　浅野は、「霊の指紋」と「生前のウォルターが剃刀に残した指紋」が同じであることこそが霊界の「偉大な証拠」だと述べている。二つの指紋が同じだと証明したボストン警察やロンドン警視庁など、何種類もの鑑定書を誇らしげに脚注に挙げてね。

助手　それらの鑑定書は本物だったんですか？

教授　本物だ。剃刀の指紋も歯科医が付けたんだから、当然だよ！

霊媒師とSTAP事件の関係

助手　浅野和三郎氏がボストンから持ち帰った「霊の指紋」のロウは、完全なニセモノだったわけですね。

教授　彼は、ミナ・クランドンから貰ったロウを大事な家宝にしていたのに、その指紋がフレデリック・コールドウェルという歯科医のものだと知ったら、激怒したに違いない。

助手　うふふふ！　でも、ちょっとかわいそうかも……。

教授　結果的にミナは交霊会で二百個以上のロウを捏造して配ったから、騙された客は数知れない。しかも、ボストン心霊現象研究協会が指紋を特定して歯科医に白状させるまでに三年かかったから、それまでは指紋が「霊界の証拠」として世間に広まってしまった。今でもこの法螺話《ほらばなし》をあたかも事実のように書いてある書籍の方が多いくらいだよ。

助手　フォックス姉妹が「霊の音」のイタズラを告白するまでに四十年、エルシーとフランシスが「妖精写真」の捏造を白状するまでに六十六年かかりましたね。その間ずっと嘘が世の中に蔓延していくわけだから、困りものですね。

教授　現代だったらネットに疑惑が告発されるだろうが、当時は匿名の冊子が発行された。ミナについては「立派な地位があり銀行預金の有り余る男性と結婚したイカサマ霊媒師」が「柔らかいベッドとアイスクリームと密造酒」で男性たちを操ったと書いてある。

この冊子の実際の作者はフーディーニらしく、題名は『狡猾な若い女性はいかにしてバカな「科学者たち」を騙したか』だった。

助手　霊媒師ミナの話を伺うたびに、STAP事件を連想していたんですよ。日本にもフーディーニみたいな人がいたら、もっと簡単に解決できたかもしれないのに……。

実は私、小保方晴子氏が最初の記者会見で「夢の若返りの可能性があります」と言ったときから、怪しいなと感じていたんですよ。仮にマウスでSTAP細胞を作製できても、ヒトの細胞に応用するまでには膨大な実験や研究が必要だし、最優先されるのは「夢の若返り」ではなくて再生医療のはずです。

割烹着やムーミン・グッズやピンクの壁も不自然だし、生物実験を行っている研究室に水槽を置いてスッポンを飼うのも不適切でしょう。しかも巻き髪にカラコンにミニスカートで、指には大きな指輪で記者会見するなんて……。

教授　しかし、大発見の記者会見となれば、君もオシャレするだろう？

助手　それは私だって先生が目を真ん丸くするくらいキレイに化けますよ。でも彼女の場合は、すべてが演技のように思えて……。

教授　そういえば、彼女は「演技性パーソナリティ障害」だと分析した精神科医もいたね。

助手　そもそも『ネイチャー』誌にＳＴＡＰ論文発表後、世界中の最先端研究機関で追試が行われたのに、どんな科学者も再現できなかった。そこが大問題なのに、彼女は記者会見で瞬きもせずに一点を凝視して「ＳＴＡＰ細胞はあります」と断定したでしょう。ここで私は確信犯だなと思いました。

もし私だったら、自分の論文が間違っている可能性を何よりも最初に疑ってかかるし、追試してくれた研究者たちの時間と労力を無駄にさせた罪悪感で一杯になるはずです。でも彼女は「二百回以上」作製したと平気で断言する。それは霊の指紋と同じで、捏造だから断言できるのではないかしら。

教授　しかし彼女は「絶対、捏造はない。私が死んでもＳＴＡＰ現象は起こります」と語ったそうだがね。

助手　それは、彼女がＳＴＡＰ細胞の再現実験を開始する際に語った「生き別れた息子を早く探しに行きたい」と同じように、脳内ストーリーに沿った発言でしょう。だから宝塚歌劇のセリフみたいに大げさになるんですよ。挙句の果てに、自分の再現実験に失敗したら「魂の限界」でしたと言い逃れするなんて！

教授　たしかに彼女の発言は「科学」というよりも「演技」を連想させるね。「魂の限界」だったら、「理性の限界」と言ってほしかったなあ……。

なぜ荒唐無稽な話を信じるのか

助手　オウム真理教事件でも感じたことですが、なぜ人は、荒唐無稽な話を信じてしまうんでしょうか？

教授　というか、むしろ人は、何でも妄信するように生まれついていると考える方がわかりやすいと思うよ。

子どもは、大人から言われたことを純粋素朴に信じるが、それは、そうしなければ生きていけないからだ。彼らは大人から与えられた食物を何も疑わずに信じて食べる。「火に触るな」と言われたら火に近づかない。仮に子どもが懐疑的で、物事を実験的に検証しなければ納得しない科学者だったら、「ママの言うことが本当なのか、火に触れて確かめてみよう」と火に触れて、大火傷してしまうからね。

助手　まさか、そんな子どもはいないでしょうが！

教授　ここで大事なのは、人が幼児期に母語を習得する段階で、刷り込まれる情報を何でもすべて信じてしまうという点だ。

助手　つまり子どもは、現実の話もサンタクロースのおとぎ話も、まったく同等に信じてしまうわけですね。

教授　そして知的に成長するにつれて、何が真実で何が嘘なのかを区別できるようになっていく。とはいえ、必ずしも何でも理性的に解決できるとは限らないから、そこにオカルト的な要素が侵入してくるわけだ。

助手　オカルト的な要素？

教授　たとえば、幼稚園で花を折った児童が「お花さんも痛いんだよ」と先生に叱られると、花にも「感情」があると認識する。このイメージは、小学校で植物の構造を勉強した後も、知識とは別の意識として脳内に残る可能性があるわけだ。

助手　安易な「擬人化」が、オカルト的な意識を助長することもあるんですね。

教授　無知な状態では、大人も当然のようにおとぎ話を信じる。たとえば脳疾患の一種である「てんかん」の発作は、江戸時代には狐の霊が乗り移った「狐憑《きつねつ》き」とみなされた。そこで人々は、患者を縛って松葉で燻《いぶ》ったりイヌに吠えさせたりして、霊を追い払おうとした。

助手　それは苦しいでしょう！　かわいそう！

教授　古代ギリシャでは、「てんかん」は神々の仕業とみなされ「神聖病」と呼ばれた。このような発想を徹底的に批判したのが、紀元前四六〇年頃に生まれたヒポクラテスだ。彼は、病気は「自然」に発生するのであって、神々や呪術のような「超自然」に原因を求めてはならないと考えた。そして彼は「臨床医学」の土台を築き、「医学の父」と呼ばれるようになった。

助手　紀元前なのに、すごく現代的な考え方ですね。

教授　ヒポクラテスは、季節や環境の変化、生活習慣や食事に病気の原因があると考え、傷があれば洗浄して清潔に保ち、患者の免疫力を高める治療法を実践した。医師は、患者の顔色・熱・脈拍・排泄物の症状を規則正しく観察して客観的に記録し、他の医師と知識を共有することが何よりも重要だと述べている。

助手　小保方晴子氏が「ヒポクラテスの生まれ変わり」などと言う人がいますが、実験ノートが三年間に二冊程度といわれる小保方氏とは全然違いますね！

教授　世界各国の大学の医学部では、晴れて医師になる卒業式の際に『ヒポクラテスの誓詞』を唱えるという習慣がある。

「一、医の実践を許された私は、生涯を人類への貢献に捧げる。一、恩師に尊敬と感謝を捧げる。一、良心と威厳をもって医を実践する。一、患者の健康と生命を第一とする。一、患者の秘密を厳守する。一、医の名誉と伝統を堅持する。一、同僚を兄弟とみなし、人種・国籍・信条・社会的地位などの如何によって患者を差別しない。一、人命を何よりも尊重する。一、いかなる脅迫の下でも人道に反する目的のために医学的知識を悪用しない」

助手　立派だわ！

教授　この九カ条は『ジュネーブ宣言』の意訳だが、ヒポクラテスの精神は脈々と受け継がれているわけだ。

助手　その誓詞を遵守《じゅんしゅ》するお医者様だったら、私も命を預けられます！

「科学者の鑑」としてのガリレオとキュリー夫人

助手　小保方晴子氏を「ガリレオの再来」と呼ぶような人もいますが……。

教授　ガリレオは、一六三二年に『天文対話』を公表した。この対話篇は、天動説支持者と地動説支持者と中立者の三名が議論する形式なんだが、当時の学界の頑迷さを苦々しく思っていたガリレオは、皮肉と風刺に満ちた言葉で天動説を完膚なきまで論破した。
この本に強い拒絶反応を示したのが、当時のキリスト教会だ。ガリレオは異端者として逮捕され、彼が自説を主張すればするほど、異端審問所は取り調べを厳しくした。挙句の果てに「拷問にかける」と脅されたガリレオは、一六三三年六月二十二日、地動説を放棄すると宣言してしまった。

助手　その宣言の後、「それでも地球は回っている」と小声で呟《つぶや》いたんですよね。

教授　そのように伝えられているがね。すでにガリレオは六十九歳と高齢だったし、当時の拷問は、ほとんど「死」と直結していたから、やむを得なかっただろう。

助手　科学者が「真実」を公表できないなんて、ひどい暗黒時代！
そのガリレオと小保方氏のどこに共通点があるのかしら。さらに小保方氏を「キュリー夫人の再来」と呼ぶような人もいますが……。

教授　今やＳＴＡＰ事件は「世界三大研究不正」の一つにまで数えられ、小保方氏は、その中心人物として世界に知られている。一方、キュリー夫人に憧れて科学を志した研究者は、世界に数知れない。したがって、キュリー夫人と小保方氏を同列に扱うような見解に対しては、世界中から囂々《ごうごう》たる非難が巻き起こるに違いない。

助手　キュリー夫人といえば「科学者の鑑《かがみ》」ですからね。

教授　マリー・キュリーは、一八六七年十一月七日、両親とも教師の五人兄弟の末娘として、ワルシャワで生まれた。当時のワルシャワは帝政ロシアに実効支配され、ポーランド人が迫害されていた。マリーが六歳の頃、ポーランド語が禁止され、父は職を奪われて、自宅も失った。両親は移り住んだ借家で家庭教師を始めたが、長女がチフスに感染して死亡、間もなく母も結核で亡くなった。

助手　悲惨な幼少期だったんですね。

教授　当時、女性が大学に進学できるのはフランスだけだった。マリーは、パリに留学した姉に仕送りするために、高校卒業後から六年間、住み込みの家庭教師を続けた。二十歳の春に兄に出した手紙には「この手紙に最後の切手を貼ります。切手を買う代金もなくなりましたから、秋まで手紙を出せません」と書いてある。

助手　辛すぎますね。

教授　マリーの生涯には貧困が付き纏ったが、それでも彼女は自分の利益を求めず、科学の発展に尽くしたのが偉大な点だ。二十四歳でパリ大学に留学したが、授業料を支払うのに精一杯で、冬には暖炉の石炭も買えなかった。コップの水が凍るような屋根裏部屋で、持っている衣服全部に包《くる》まって勉強した。栄養失調で倒れたこともあったが、成績は誰にも負けなかった。

助手　すごい意志！

教授　研究一途のピエール・キュリーと結婚後は、二人で「物置小屋」のような研究室で夜中まで膨大な鉱石を精製する作業を続け、ついにラジウムを発見した。その抽出法を特許にすれば莫大な特許料が入るが、夫妻は「金儲けは科学精神に反する」と言って、研究成果すべてを論文に公開した。

助手　どうしてそんな勿体ないことをしたんですか？

教授　夫妻は、ラジウムが放射線治療に役立つと知って、何よりも研究を推進することが人類のために重要だと考えたんだ。マリーは、女性初のノーベル賞を含めて生涯二度のノーベル賞を受賞したが、賞金はほぼ全額、ワルシャワの貧困者救済病院と放射線研究所設立のために寄付した。彼女は、服一着を新調することもなく、着古した服のまま研究室に通った。生涯抱き続けた信念は、「科学は人類を幸福にしなければならない」だった！

解説——見ることと信じること！

本章のエピソードで中心になる主題は、霊媒師ミナ・クランドンのトリックを奇術師ハリー・フーディーニと心理学者ジョセフ・ラインが暴露したこと、それに加えて、その人間模様が現代のＳＴＡＰ事件をも連想させるということである。

本章に登場するデューク大学の心理学者ジョセフ・ラインは、最初に統計的な超能力実験を行い、「超心理学」を創始したことで知られる。彼は、学生を被験者とするカード透視実験を行った結果、「透視力」を統計的に有意に検証できたとみなして、一九三四年、いわゆる「第六感」の存在を主張する『超感覚的知覚』（ＥＳＰ）を著した。

その後、ＥＳＰ現象は一種のブームとなり、「超心理学」は一般大衆の多大な関心を呼び起こしたが、科学界においては、実験方法や統計的帰結の解釈をめぐる論争が絶えなかった。ライン自身も認めているように、さまざまな実験結果に一貫した再現性がなく、追試を行っても肯定的な結果が得られるとは限らなかったためである。

統計的な偶然性を排除するためには、大量のサンプルが必要だが、ＥＳＰ現象に限っては、被験者の「集中力」の度合いによって実験結果が変化するという。ＥＳＰ現象に肯定的な被験者であるほど実験結果は肯定的になり、否定的な被験者からは否定的な実験結果しか得られないというのである。この傾向は、実験者にも見られるという報告もある。つまり、被験者と実験者がＥＳＰ現象に肯定的か否定的かに応じて、実験結果も変化するわけである。

このような現象は「目撃抑制」とか「恥ずかしがり効果」と呼ばれる。この「効果」によれば、ＥＳＰ現象そのものに実験や目撃を避ける傾向があり、カメラや測定装置を「恥ずかしがる」性質がある。したがって、日常生活ではＥＳＰ現象が頻繁に観察されるにもかかわらず、いざ実験となると、結果が表れないのは当然だという理屈になる。要するに、ＥＳＰ現象は、実験室で「検証」できないからこそ「真実」だという奇妙な論法である。

この種の論法に対して、すでにラインがＥＳＰを研究し始めた当初から、「超心理学は科学ではない」という反論があった。一九四九年、ケンブリッジ大学の哲学者チャールズ・ブロードは、ラインの主張する「超感覚的知覚」そのものが、すべての経験的知識は人間の「五感」（視覚・聴覚・味覚・嗅覚・触覚）の感覚器官から得られるという「認識原理」と矛盾する点を指摘した。さらにブロードは、「テレパシー」は認識法則、「予知」は因果法則、「念力」はエネルギー保存法則に違反するという反例を挙げて、超心理学に登場する概念そのものが、既知の科学で「確証」された自然法則に矛盾する点を追及した。

ここで焦点になるのは、観察と理論をどのように整合させるのか、もっと簡単にいうと、「見ること」と「信じること」をいかにして両立させるのか、という問題である。たとえば多くの科学者は、熱力学の第二法則を完全に「確証」された自然法則とみなしている。したがって、仮にこの法則に違反する現象を観察したとしても、それは手品か、あるいは錯覚や自己の心理状態を疑うことにはなっても、法則そのものへの信頼が揺らぐことはない。多くの科学者は、いかなる「永久運動」の理論に対しても、その理論を何ら検討することなく、即座に結論が間違っていると断定するに違いない。

ところが、一九七四年十月、スタンフォード研究所の物理学者ハロルド・パソフとラッセル・ターグは、金属箱中のサイコロの目を当てるユリ・ゲラーの「透視力」を検証したと主張する論文を『ネイチャー』誌に掲載した。彼らは、ゲラーの「超能力」を目撃した結果、むしろ物理学の基本法則の方が見直されるべきだと考えるようになったのである。

当時、ゲラーの「超能力」を支持した物理学者には、量子論の多世界解釈で知られるデヴィット・ボームや、超心理学を擁護する『スーパーマインド』を著したロンドン大学のジョン・テイラーのような一流知識人も含まれている。

一方、同じ一九七四年には、ラインの後継者としてノースカロライナ州の「超心理学研究所」所長を務めていた超心理学者ウォルター・レヴィの研究不正事件が起こった。レヴィは、電流を流すと快楽ショックを受けるようにネズミの脳に電極を埋め込み、電流を流す時間をランダム装置によって五〇パーセントに設定した。実験を繰り返した結果、レヴィは、ネズミが「念力」によって快楽ショックを受ける時間を五五パーセントに増加させたという論文を発表したが、実は、これが「捏造」だったのである。

研究所の研究員が隠れて見ていたところ、レヴィは、ランダム装置のプラグを何度か引き抜き、肯定的な結果だけを記録していた。この瞬間を見つかったレヴィは、背信行為を認めて研究所を辞職した。

一九七五年には、本章でも説明したように、ランディが『ユリ・ゲラーの手品』を公表し、ゲラーの見せた「超能力」のすべてを手品で再現してみせた。ランディのおかげで「目が覚めた」という物理学者テイラーは、かつての自著『スーパーマインド』の内容を全面的に否定することになった。

ここで興味深いのは、「霊媒師」ミナ・クランドンから「超能力者」ユリ・ゲラーに役者が移り替わっても、その時代の一流知識人をトリックで騙すのは同じように容易だということである。さらに、そのトリックを暴いたのは、科学者ではなく、「奇術師」ハリー・フーディーニやジェームズ・ランディだった。騙されていたことに気付いたテイラーが自説の誤りを認めたことこそ、せめてもの科学的な姿勢といえるだろう。

第二章――課題

1. これまでに誰か、あるいは何かを崇拝した経験はあるだろうか。あれば、その経験を思い出して、なぜ自分がその対象を崇拝したのかを分析しなさい。[ヒント――身近な両親や教師、歴史上の偉人や運動選手、教祖やスターを含めて、これまでに崇拝した対象を考えてみよう。]

2. あらゆることを疑ってみるとどうなるだろうか。疑うことのできない「確実」な命題から、必ずしも「確実」とはいえない命題、完全に間違った命題まで、順に五つの命題を並べなさい。[ヒント――論理学・数学の命題、自然科学の命題、法律の命題、社会の命題、日常生活の命題などに分類して例示する。]

3. ラインの定義したESPを研究対象とする「超心理学」は「学問」といえるだろうか。大学に「超心理学科」を設立すべきだろうか。[ヒント――世界の大学・研究機関のサイトを参照。どのような機関に、どのような学部や学科があるかを調査してみよう。]

第三章 なぜ不正を行うのか

なぜ「STAP細胞」に振り回されたのか

助手　いまだに小保方晴子氏を擁護する意見があるようですね。「成功した若い女性に対する不当なバッシング」とか「誹謗中傷に貶《おとし》められた天才科学者」とか「彼女の才能を認めないことは日本の損失」など。

この期《ご》に及んで「STAP細胞さえあったら大逆転」と叫んでいるオジサンを見かけると、まるで「妖精」を信じるコナン・ドイルみたいでビックリですが……。

教授　理化学研究所の調査委員会が「STAP細胞がなかったことはほぼ確実」と断定した

のは二〇一四年十二月末だった。委員長を務めた国立遺伝学研究所長の桂勲氏は、「STAP幹細胞は調べた限りでは、すべて既存のES細胞に由来している」と結論付けた。要するに、STAP細胞はES細胞から捏造された「根も葉もない虚像」だったというわけだ。

助手　どうしてそんな虚像に日本中が振り回されたんでしょうか？

教授　日本中どころか世界中が振り回されたが、それはやはりSTAP細胞が「夢の細胞」だからだろう。なにしろ体細胞を「外側」から刺激するだけで簡単に「万能細胞」に生まれ変わるというんだから、それが真実だったら生物学を根底から覆す大発見になる。

そもそも体細胞を初期化させるためには、ES細胞やiPS細胞のように、体細胞の「内側」の核や遺伝子を操作することが必要不可欠とみなされているからね。

もし大発見が事実だったら、「名声と安定した地位」はもちろん、莫大な報酬と研究費も降ってくるから、小保方氏は喉から手が出るくらいSTAP細胞が欲しかっただろう。それは、小保方氏に協力してキメラマウスを作製した若山照彦氏も、『ネイチャー』誌が受け入れるだけの論文に話を仕上げた笹井芳樹氏も同じことだ。理研自体が大発見のニュースを華々しく打ち上げて「特定国立研究開発法人」に認可される目論見だったから、関係者の誰もが冷静さを失っていたんだろう。

助手　もし認可されたら、トップの裁量で年棒一億円を超える優秀な研究者も確保できるという話でした。理研の情報開示によると、二〇一三年度の笹井氏の研究費は約五億八千万円、小保方氏と一緒に出張した回数は五十五回、その経費は約五百万円。当時の発生・再生科学総合研究センター内には約五百万円のカッシーナのソファーが二つもあったそうで、お金ってあるところにはあり余っているんですね。

教授　理研は二〇一四年度の総予算が約八百三十四億円という巨大組織だからね。その九〇パーセント以上が税金で賄われているんだから、国民に対する説明責任は重大なはずだが。

助手　二〇一四年一月末に『ネイチャー』誌にSTAP論文が発表されて間もなく、ネット上で疑義が指摘されました。二月中旬に理研は、画像データの取り違えのような「単純ミス」はあったとしても「研究成果そのものについては揺るがない」と発表しました。そこからして、変でしたね。なぜ正式に調査もしないで「揺るがない」と言い切れるのか。

教授　たしかに理研は、最初の一歩を大きく踏み外したね。

一般に「危機管理」で最も重要なのは、危機の兆候が発生したとき、それが真の危機なのか、そうではないのかを見極めることだ。単なる兆候に過剰に反応すべきではないが、真の危機を見過ごすとパニックに陥り、後々、その場しのぎの対応に終始することになる。

助手　三月五日、理研が「ＳＴＡＰ細胞作製プロトコル」を発表すると、ネットに「ＳＴＡＰ細胞の非実在について」という内部告発が書き込まれました。

「なめてますね、これ。何と言って、理研の対応です。ＳＴＡＰ論文についての手技解説の発表、だそうですが、これは無意味です。なぜなら、ＳＴＡＰ細胞など存在しないから。間違った書き方をしたとか論文制作の作法のことではありません。『存在しない』のです。私は証拠も提供しました。しかし、受け入れられなかったようです」！

教授　こんなに初期段階で、ここまで真相を突いた内部告発があったのに、なぜそれを活かせなかったのか……。

バカンティ教授のサルとイヌ

助手　小保方晴子氏以外にも、ＳＴＡＰ細胞を「作製」したり「移植」したと公言している人々がいます。なぜマスコミは彼らを徹底取材しないのか、不思議でならないんですが。

教授　ハーバード大学の共著者たちのことかね？

助手　そうです。ＳＴＡＰ論文が『ネイチャー』誌に掲載された翌日、チャールズ・バカンティ教授は、共同通信社の取材に答えています。「人工的に脊髄を損傷してまひを起こさせた複数のサルからＳＴＡＰ細胞を作製し、移植に利用する実験を二〇一一年から始めているという。現在は論文発表の準備をしているため詳細は明らかにできないものの『驚くべき結果が出ている』と話し、回復効果があったと示唆している」（『日本経済新聞』二〇一四年一月三十一日付）

バカンティ氏は、この日の日本テレビ系列局のインタビューにも登場して、にこやかに英語で「ハルコは、私がこれまでに会った中で最も情熱的で研究熱心な科学者です。私が過去二十年間に扱った中で最も優秀な学生であることに間違いはありません」と答えています。それに、ＳＴＡＰ論文の共著者の一人でもある小島宏司准教授は、日本語で「足が動かないサルにＳＴＡＰ細胞を移植して、移植しないものと移植するもので（比べたら）良い結果が出た」とハッキリ述べています。

教授　小保方氏は小島氏の紹介でバカンティ氏の研究室に入った。そのハーバードの二人がＳＴＡＰ細胞の「実用化」を堂々と語っているとは……。

助手　もっと踏み込んだ記事もありますよ。「小島宏司医師によると、脊髄損傷で足や尾が動かなくなったサルの細胞を採取し、ＳＴＡＰ細胞を作製、これをサルの背中に移植したところ、サルが足や尾を動かせるようになったという」（『読売新聞』一月三十日付）

教授　そのサルを公開したらノーベル賞だろう？
助手　そう思って、私も懸命にネット情報を追跡したら、なんとそのサルは研究室から「逃げた」というんですよ。
教授　あははは！
助手　サルどころか「人で初のＳＴＡＰ細胞か」という記事もあります。「バカンティ教授によると、研究目的で販売されている新生児の皮膚線維芽細胞に弱酸性溶液による刺激を与え、約一週間後にマウスのＳＴＡＰ細胞とよく似た球状の塊をつくることに成功した」（『日本経済新聞』二月六日付）。この記事には、「バカンティ教授提供」の「人で初めてのＳＴＡＰ細胞の可能性がある細胞の顕微鏡写真」も付いています。
教授　まるで現代社会における「妖精写真」だね。
助手　もともとバカンティ氏は麻酔科医なんですが、一九九五年に「バカンティ・マウス」を作製して生体組織工学の分野で名前を知られるようになりました。このマウスは、背中にヒトの耳が生えているように見えますが、実際にはウシの軟骨細胞を耳の形に整えてマウスの皮膚下に移植しただけのものでした。
教授　つまり、再生医療には役立たないが、人目を惹くものを作ったわけだ。

助手　バカンティ氏は、二〇一四年四月十五日に京都で開催された世界気管支学会で講演しました。報道陣は入場禁止でしたが、講演では「ＳＴＡＰ細胞は存在する。脊髄損傷で歩けなかったイヌにＳＴＡＰ細胞を移植したところ歩けるようになった」と話したそうです。
教授　イヌだって？　サルじゃなかった？
助手　一月三十一日のインタビューでは「サル」でしたが、四月十五日には「イヌ」になっていました。
教授　ＳＴＡＰ細胞が虚像である以上、どちらも信憑性《しんぴょうせい》がまったくないね。
　そもそもＳＴＡＰ細胞の基本概念はバカンティ氏が十年以上前から提唱してきたが、アメリカでは相手にされなかった。そこで彼の「夢の細胞」を日本で実現化させる役割が、小保方氏に回ってきたんだろう。
助手　彼女はアメリカでバカンティ氏から個人的に雇われて、研究室では映画にかけて「チャーリーズ・エンジェル」と自称していたそうですが、本気で彼の「エンジェル」になろうとしたんでしょうか。

「狡猾な若い女性はいかにしてバカな『科学者たち』を騙したか」

助手　いつの間にSTAP事件の話になったのかしら。
教授　私はね、一九二〇年代にアメリカで出版された『狡猾な若い女性はいかにしてバカな「科学者たち」を騙したか』という霊媒師批判の冊子の話をしていたんだよ。そこから君が最近の事件と結び付けて、話を脱線させたんじゃないか。
　それにしても、改めて考えてみると、STAP事件は現代社会における「オカルト事件」なのかもしれない。そもそも「オカルト」は、ラテン語の「オクルトゥス（隠されたもの）」から派生して「神秘的・魔術的・超常的な現象」を指すようになった言葉だからね。
助手　うふふふ、「隠された」STAP細胞にピッタリ！
教授　そのうえ、どんなに再現に失敗しても「STAP細胞は存在しない」とは言い切れない。いくら交霊会のトリックを暴いても「霊は存在しない」とは証明できないのと同じ論法だ。
助手　その論法を悪用して人を騙すのが霊媒師ですが、まさか科学者がそんなことをするわけはないと信じていましたから、私は同じ研究者としてショックでした。

教授　ショックどころか、かなり憤慨していただろう。

助手　ＥＳ細胞がＳＴＡＰ細胞の捏造に用いられた事実を遺伝子解析で明らかにしたのが、二〇一四年三月五日に匿名で内部告発した理研の上級研究員の遠藤高帆氏でした。内部告発を上層部に受け入れてもらえなかった遠藤氏が、諦めずに遺伝子の次世代シーケンスデータを解析して真実に迫っていく姿が「ＳＴＡＰの全貌」（『日経サイエンス』二〇一五年三月号）に描かれてます。

教授　その地道な「真実の追究」こそが、科学者本来の姿勢だよ。遠藤氏は、ＳＴＡＰ細胞の遺伝子染色体８番に「トリソミー」と呼ばれる異常があることを発見した。

これはＥＳ細胞を長期間培養した際のみに生じる特有の異常で、しかも８番トリソミーのマウスは胎児で死んでしまうため、ＳＴＡＰ細胞はＥＳ細胞からシャーレで培養されたことが判明した。そこで『ネイチャー』論文の「新生児マウスの脾臓《ひぞう》からＳＴＡＰ細胞を作製」という主張が崩されたわけだ。

助手　ＳＴＡＰ細胞の遺伝子解析を第三者機関に依頼したのは若山氏でした。ところが小保方氏と笹井芳樹氏は、若山氏に責任を転嫁するような発言を記者会見で繰り返し、そこから若山氏「真犯人説」まで囁かれるようになって……。

教授　そもそも若山氏が二〇一四年三月十日という非常に早い段階で共著者にＳＴＡＰ論文の撤回を呼びかけた事実を考慮すれば、少なくとも彼が倫理的な自己責任を痛感していることは明らかだ。科学者にとって、論文撤回ほど屈辱的な罰はないはずだからね。

一方、土壇場の六月三日に至るまで論文撤回に反対し続けたのが、小保方氏とチャールズ・バカンティ氏だ。つまり、ＳＴＡＰ細胞を「二百回」作製したとか、サルやイヌに「移植」したと公言する二人組だよ。

助手　小保方氏は若山氏のお世話になったはずなのに、恩を仇《あだ》で返せるのでしょうか。

教授　霊媒師ミナ・クランドンは、夫はもちろん、雑誌記者も超常現象研究家も歯科医も意のままに操って、気が変わると平気で乗り換えたからね。

助手　操られる男性の方にも責任がありますよ。もっとしっかりして！

「夢の常温核融合」で騙された人々

助手　ＳＴＡＰ事件は、単なる研究不正では終わらないという見解もあります。

ルポライターの小畑峰太郎氏の『ＳＴＡＰ細胞に群がった悪いヤツら』によると、ＳＴＡＰ事件は「科学研究」と「特許」と「インサイダー」の絡み合った「経済事犯」ということで、闇が深いそうですよ。株価操作とかファイナンスで大儲けした人物が背後にいるみたいな話で……。

教授　科学研究も、特許分野によっては巨大な経済効果をもたらすからね。

二〇一四年にノーベル物理学賞を受賞した中村修二氏が日亜化学工業を提訴した「LED特許訴訟」では、東京地裁が「青色発光ダイオード」の発明対価を六百四億円と認定した。東京高裁の控訴審では、約八億円で和解が成立したそうだが……。

助手　発光ダイオードは、白熱電球のようにフィラメントが切れないから十年以上使える計算だし、ガラスが割れる危険性も少ないし、熱をほとんど出さないうえに電気代も安いなんて、本当に大発明ですね。イルミネーションもキレイでステキ！

教授　人類に貢献する技術を生み出すことが、科学研究のすばらしい長所だよ。

逆に、STAP事件から思い出すのは、一九八九年三月二十三日に化学者マーティン・フライシュマンとスタンリー・ポンズがユタ大学で開いた記者会見だ。彼らは電気分解するだけで「常温核融合」に成功したと発表して世界を驚かせた。

助手　そんなに簡単に「核融合」ができるんですか？

教授　二人の主張によれば、重水を電気分解すると、重水素の原子核が電気力で陰極に強く押しつけられ、そこで原子核が融合して大量の熱エネルギーを放出する。「高温」でしか生じないはずの核融合が「常温」で生じ、しかも放射線をまったく放出しないという。

もしこの発見が事実だったら、人類は、ほぼ無尽蔵にクリーン・エネルギーを入手できることになる。

助手　まるでＳＴＡＰ細胞で「夢の若返り」みたいな話ですね。

教授　モルモン教徒の多いユタ州では、常温核融合は「神からの贈り物」とみなされた。州議会は「州に活動拠点を置く企業でなければ常温核融合研究の契約を交わさない」という条件付きで、ユタ大学に五百万ドルの研究助成を決議した。

四月二十六日には下院で公聴会が開かれ、連邦政府から新たに二千五百万ドルを援助する提案まで飛び出した。この公聴会は全米のテレビで生中継されて、ちょうどシカゴにいた私も見ていたが、すごい熱気だったよ。

とはいえ、核心を突いた科学的な質問には「特許との関係で答えられない」と逃げてばかりだった。

助手　小保方晴子氏も、ＳＴＡＰ細胞作製には「レシピ」と「コツ」があるが、「特許等の事情」で公にできないと答えていました。

教授　常温核融合も、初期段階から「従来の物理法則と根本的に矛盾」し、実験を「再現できない」ことなど、世界中の研究機関から疑義が寄せられていた。

しかし公聴会の議論は「他の科学者が常温核融合を認めるまでグズグズ待っていられない。そんなことをしていたら、日本が先に商品化して、アメリカは将来、負け犬になってしまう」という推進派の意見に流された。なにしろ常温核融合の商品価値は、数千億ドルと見積もられていたからね。

助手　その巨額な見返りもＳＴＡＰ細胞ソックリ！

教授　ところが、公聴会から五日後の五月一日、推進派にとっては最悪のタイミングで、アメリカ物理学会が開催された。そこで徹底的に審議された結果、常温核融合のマヤカシが次々と明らかにされた。

物理学者がテレビのインタビューに答えて嘆いていたのが印象的だったよ。「安易に実験結果を信じる軽率な科学者、組織の名誉を汚《けが》す理事、税金を浪費する政治家、大衆を煽る浅薄なジャーナリスト、彼ら全員が、オカルトを生み出してしまったんだ」とね。

現代のオカルト「STAP事件」

助手　STAP事件を取材してきた毎日新聞科学環境部の須田桃子著『捏造の科学者』によると、小保方晴子氏には「議論中に突然怒り出す」という「意外な一面」があったそうです。小保方氏といえば、二〇一四年一月の記者会見で「リケジョの星」と脚光を浴びた笑顔の印象が強くて……。

教授　しかし、理化学研究所の調査委員会から「画像の捏造・改竄《かいざん》」の研究不正が指摘された二〇一四年四月の記者会見では、「私の不勉強、不注意、未熟さゆえに論文にたくさんの疑義が生じ……心よりお詫び申し上げます」と謝罪して、泣き顔を見せたね。

助手　その笑顔と泣き顔のギャップで、擁護派のオジサンがドッと増えたんですよ。

教授　実際には、その時点で弁護団を雇って「不服」を申し立てていたんだから強気だが。記者会見でも「実験は確実に行われておりデータも存在していることから、私は決して悪意をもってこの論文を仕上げたのではない」と明言した。

この「未熟だが悪意はない」という路線に沿って、弁護団は、「陽性かくにん！　よかった」とか、稚拙なマウスの絵やハートマークのある実験ノートの一部を開示した。

助手　小保方氏の主張によれば、分化した細胞（T細胞）がリセットされてＳＴＡＰ幹細胞が生じますから、そこに「ＴＣＲ再構成」と呼ばれる痕跡（T細胞受容体遺伝子の組み換え）が残るはずです。

しかし、実験では痕跡が見えなかったので、若山照彦氏が細胞を「塊のままではなく、ばらばらにしてからＳＴＡＰ幹細胞に変化させれば」と助言したところ、彼女は「そんな大変なことをできるわけがない」と怒り出したそうです。

教授　そこで怒るのは変だなあ。生じるはずの現象が生じなければ、原因の可能性を一つ一つ検証していくのが研究者の姿勢だろう。

助手　もしかして「そんな大変な捏造はできるわけがない」と怒ったのかしら？

教授　その真相は、小保方氏本人が告白しない限り、謎のままだろうがね。

助手　理研は、どうすればよかったんでしょうか？

教授　それは明白だ。ＳＴＡＰ論文から小保方氏の博士論文に至るまで、さまざまな疑惑が浮上した時点で、理研は「あらゆる疑義を徹底的に究明する」方針を打ち立てるべきだった。

具体的には、外部有識者を中心とする調査委員会を発足させて、即座に研究室を封鎖し、残存資料やパソコンのデータを解析、真相を解明して公開する。疑問をウヤムヤにせず徹底的に追究する姿勢こそが「科学」だ。
理研は、日本を代表する研究機関である以上、研究者や学生の「手本」になる姿勢を示すべきだった！

助手　たしかに。証拠を突きつけられれば、研究不正者もヘタに言い逃れできませんからね。その方が真摯に反省できるでしょうし、笹井氏の悲劇も起こらなかったかもしれません。
ところが、理研が発足させた調査委員会は、主要メンバーを内部者で固め、なぜか最初から疑義を六点だけに絞るというオソマツさ。その後、上席研究員の石井俊輔氏が自身の論文の画像データの「不適切な扱い」を指摘されて、調査委員会の委員長を辞任するオマケ付きでした。

教授　そもそもSTAP細胞を作製したことがない丹羽仁史氏がプロトコルを執筆したこと自体、非常に奇妙だった。さらに小保方氏自身が検証実験を開始したことには驚いたね。しかもそれを当時の下村博文文部科学大臣まで支持して……。

助手　そこで理研の高橋政代プロジェクト・リーダーが「理研の倫理観にもう耐えられない」とツイートして話題になりました。

教授　長年の臨床研究を積み重ねて、難病治療のためのiPS細胞移植手術を目前にしていた高橋氏からすれば、理研の理不尽な姿勢に激怒するのも無理はない。
助手　野依《のより》良治理事長は「前途ある若者」が「前向きに新しい人生を歩まれることを期待」して、小保方氏の退職届を受理しました。相澤慎一特別顧問は「犯罪人扱い」した監視実験を小保方氏に「お詫び」しました。何か根本的にズレていませんか？

小保方氏周辺の「お花畑」現象

助手　ＳＴＡＰ事件で理化学研究所の対応を主導した川合眞紀理事が、事件を総括するインタビューの中で次のように答えていました。
「小保方さんは直接話すとすごく魅力的な人です。言葉に迷いがないんです。ストレートに物事を伝えることができる。そういう持って生まれたものがある人ですね。普通に話していても『それはこうです』と、ピシッとよどみない文でパシッと締まるんです。ちゃんと考えて話す。言葉遣いも丁寧です。信頼感を感じるしゃべり方をする人です」（『朝日新聞』二〇一五年三月十二日付）
教授　大いに褒めているじゃないか！
助手　この発言で驚いたのは、いまだに川合氏には小保方氏に騙された感覚がなさそうな点です。たしかに小保方氏は「STAP細胞はあります」とか「二百回以上の作製にも成功しました」と「ピシッと」迷いなく言い切りましたが、それは真実ではありませんでした。

教授　一般に、虚偽や幻想を真実であるかのように語る行為は、「詐欺」か「病気」の範疇《はんちゅう》に分類されるはずなんだがね。カルト宗教の教祖や、自己啓発セミナーの主宰者は、まさに「魅力的」で「ピシッとよどみない文」で断定する人物が多いんだよ。逆に科学者は、研究を突き詰めれば突き詰めるほど、安易に断定できない事柄が多くなって困るものだが……。

理研は、最終的に小保方氏による捏造・改竄など四件の「研究不正」を認定した。理研の方針によれば、研究不正者は「倫理的に非難される」うえ「職員の体面を汚すとともに、研究所に対する名誉と信用を著しく傷つけることにより、研究所に重大な損害を与える」と定義されている。しかし川合氏の発言を見ると、まるで小保方氏は研究不正者ではないかのようだ。

助手　小保方氏の代理人の三木秀夫弁護士が「理研に被害者意識はないと認識している」と発言しているくらいですからね。

川合理事をはじめ、事件に翻弄《ほんろう》された野依良治理事長も相澤慎一特別顧問も、まるで小保方さんと一緒に「お花畑」にいるみたいで不思議です。

教授　二〇一四年七月、日本学術会議が「研究全体が虚構であったのではないかという疑念を禁じ得ない」として、理研にＳＴＡＰ事件の全容解明と関係者の処分を求める声明を発表したが、結果的に理研は、ほとんどその要請に応えなかった。

理研がＳＴＡＰ事件の対応のために使った経費は八千三百六十万円、二年間に小保方氏に支給した研究費は給与以外に四千六百万円。その大部分は税金だが、雲散霧消したわけだ。

助手　理研が小保方氏に返還請求したのは論文投稿料の六十万円だけ。「懲戒解雇相当」といっても、すでに退職しているから実効力なし。「日本では研究不正はノーリスクハイリターンだということを改めて確認できた」という海外研究者の声がＮＨＫで放映されていましたが、情けなくて……。

教授　国会図書館に保存されていた小保方氏の「博士論文」は、約百ページ中の二十ページ以上がアメリカ国立衛生研究所サイトからのコピペ、参考文献もコピペなので引用番号が合わず、画像の盗用等十一カ所の著作権侵害を含む二十六カ所の研究不正が認定された。

二〇一四年七月、早稲田大学の調査委員会委員長の小林英明弁護士は、この論文の「内容の信憑性及び妥当性は著しく低い」と述べ、もし審査体制に不備がなければ「小保方氏に対して博士学位が授与されることは到底考えられなかった」と結論付けた。

助手　その調査委員会自体、なぜか委員長以外全員が匿名で、怪しかったですね。しかも、博士論文の下書きの「草稿」を間違って製本して提出したという小保方氏の言い訳を受け入れるなんて……。

私も博士論文を提出しましたが、主査・副査の先生方のコメントを受けて何十回も書き直して、穴が開くほど何百回も熟読して、それでも後から間違いに気付いて、印刷所に持っていく直前に修正したときには、悔しくて泣いてしまいました。その大事な博士論文を「草稿」のまま製本して国会図書館に収めて、そのまま忘れていたなんて、とても信じられません。

それなのに、早稲田大学の調査委員会は「学位の取り消し規定には該当しない」と結論付けたため、早稲田大学内部からも批判が噴出しました。

ＳＴＡＰ事件で最初から最後まで不思議でならないのは、小保方氏の周囲では「お花畑」現象が生じて、なぜか周囲の行動もチグハグになることなんです。

教授　まさにオカルトじゃないか！

ネットの「集合知」がさらけだした嘘

助手　STAP事件では、ネットの情報が何よりも早く、それをマスコミが追いかける形になりましたね。

教授　ネットの情報は「玉石混淆」だが、貴重な内部情報も含まれているからね。そのおかげでSTAP事件も白日の下に晒されたわけだから、ネットの「集合知」のパワーには目を見張らせるものがあった。

助手　STAP論文に最初の疑義が提示されたのは、米国の研究者専用の「パブピアム」(PubPeer)」(二〇一四年二月六日）でした。日本では、事件の内幕を描いた「オホホポエム」と呼ばれる匿名の文書が「2ちゃんねる」に連続投稿されて話題になりました。

たとえばSTAP細胞が胎盤に分化した「証拠」とされた緑色に光る胎盤と胎児の写真については「胎盤ってへその緒でつながってるんだけど取り外したら自由自在に持ち運べるんだ。捨ててあった胎盤を捨ててあった胎児とならべて記念撮影したのは内緒」(二月十四日)とか……。

教授　ポエムで研究不正の種明かしという趣向だね。

助手　画像の盗用や改竄は「お化粧」と呼ばれています。「共著の先生方が一生懸命きれいな論文に仕上げてくれたの。でも、きれいな論文はいっぱいわからない実験があって中途半端に理解した頑張り屋さん、先生たちのリバイスコメント読んでいつもの調子でもっとつじつまが合うかなって最終リバイスに先生に内緒のお化粧しちゃったんです」（二月十五日）

教授　アジアメディカルセンター代表で神経工学者の尾崎美和子氏は、FACEBOOKに実名で次のように投稿していた。「アイデア&データの盗用、実験しなくても論文になる、事実の捏造、研究妨害、広報やネットと連携させた情報操作は、早稲田バイオサイエンスの『文化』と思っています。気の毒なことに彼女はその中で育ったのだと思います。実験のための基礎研究教育も極めて不十分です」（三月十日）

助手　小保方氏の指導教官だった常田聡教授の研究室では、彼女の他にも二十名以上の博士論文に対して、コピペなどの疑義がネットに提示されています。

教授　告発した尾崎氏は、前職が早稲田大学生命医療工学研究所教授だから、内情を知り尽くしているはずだ。尾崎氏の言葉は重い。

「もとをたどれば、早稲田大学理工、化学科と生命医科に行き着きます。早稲田執行部には、随分言ってきましたが、教授クラスでさえ、今も何が問題か理解できていない可能性があります。約束を守らない事、嘘をつく事、実体のないものをあるように見せる事に、概して罪の意識はありません」とは……。

助手　小保方氏が再現実験を始めた当時の発生・再生科学総合研究センター（CDB）の様子も、匿名で内部告発されています。

「毎日CDBに来ている小保方は、六〇代以上のおじ様達に胸のあいた服で媚を売り、いまだ私はやってませーんと泣きながら、しなだれかかりながら、自分の味方につけようとしているそうです」（六月十八日）

教授　匿名の投稿だから誇張があるかもしれないが、雰囲気は目に浮かぶなあ。

助手　この投稿によれば、「完全にCDBは崩壊しています。つまり上層部が。おじ様たちが取り仕切る研究所は彼女の魔力にまだ染まっている。おじ様達を擁護派とし、捏造でも意地でもでっちあげるつもりだそうです」ということです。

当時のCDBセンター長の竹市雅俊氏については「竹市は本件をここまで深刻にした張本人です。CDBの小保方擁護筆頭、未だに現実を受け入れられない。今日も相澤研までわざわざ小保方に会いにいっちゃったりもうホント馬鹿じゃないかと」（六月十八日）という投稿もあります。

教授　そこまで内部の事情を話しているということは、やはり理研の関係者なのかな……。

まるで喜劇の「お花畑」現象

助手　ＳＴＡＰ事件を改めて振り返ると、世界的権威の科学者はもちろん、教育者も政治家も、ニュースキャスターもジャーナリストも、お笑い芸人も宗教家も、あらゆる分野の専門家があっさりと若い女性に騙されて、まるで喜劇でしたね。

教授　まさに「お花畑」現象としか言いようがない。

助手　小保方晴子氏の高校時代の同級生が、その言葉を使って、小保方氏のことを描写しています。「友人と話すときも1人でガーッとしゃべって、相手の話は聞かず、会話が自己完結して最後に満足そうに『ウフフ』と笑う。そんなお花畑にいるようなメルヘンな人でした」（『東京スポーツ』二〇一四年三月十九日付）

小保方氏は高校時代、男子バレーボール部のマネジャーでしたが、そこで騒動を起こしたこともあったそうです。「A君にはストーカーのようなことをしてましたね。『私はA君の彼女なの。一緒に帰って、こないだは家にも行った。A君の部屋は階段を上がった2階にあって……』と具体的に話すので、A君にみんなが問いただしたんです。そしたら『一緒に下校したこともないし、家に来たこともない』。妄想、虚言の癖があるとみんなわかったから、仲の良かった女子の友達も離れていった」（前掲紙）

教授　それも匿名の友人の話だから誇張があるかもしれないが、雰囲気は目に浮かぶなあ。

助手　小保方氏は、創設されたばかりのＡＯ入試で早稲田大学理工学部に合格しました。彼女のコミュニケーション能力は抜群だから、面接官の高評価を得ることができたでしょうね。

教授　ＡＯ入試では、口は達者だが学力不足の学生が大学にもぐりこんでくることもあるから、現場の教員は苦労することもあるんだが……。

助手　でも、小保方氏のコミュニケーション能力については、手玉に取られたはずの理研の川合眞紀理事がいまだに絶賛しているくらいですから、その意味では驚異ですよ。

教授　超一流の結婚詐欺師は、相手を騙して全財産を持ち逃げしてさえ、相手から好意を持たれたままで恨まれないというからね。

助手　もしかすると、笹井芳樹氏も、そんな気持ちだったのかしら。

教授　それは、もはや永遠の謎だろう。ともかく、小保方氏の研究不正が続々と暴かれ、二〇一四年七月には『ネイチャー』論文が撤回された。通常なら、そこから懲戒委員会に進むはずだが、理研は逆に、再現実験を始めた。

助手　その決定には、政治的な後押しもあったようです。参議院文教科学委員長の丸山和也議員は、次のように述べています。「従来より検証実験と小保方氏への処分は別に扱い、国を挙げてのサポート体制を築いたうえでの検証実験をすべきと政府、文部科学省などに申し入れてきたが、そのことがようやく実を結んだ感がある」（『夕刊フジ』二〇一四年七月十四日付）

教授　しかし、そもそも「初現」が捏造だったら「再現」などできるわけがない。なぜそんな意味不明な実験を「国を挙げて」サポートするのか、まったく理解に苦しむところだ。

助手　丸山氏といえば、テレビ番組「行列のできる法律相談所」でも、飛躍した発言で目立っていた記憶がありますね。「小保方氏のおかれた状況を十分配慮して、良好な実験環境を作る必要があり、願わくばＳＴＡＰ細胞の存在が証明されることを祈る」と情感を込めて発言していますから。

教授　「祈る」って、まるで祈祷じゃないか！

助手　丸山弁護士も「お花畑」現象に巻き込まれたみたいですね。

解説──研究不正とは何か!

本章のエピソードで中心になる主題は、二〇一四年に発生し、さまざまな意味で日本の科学界の在り方に根本的な問題を投げかけ、いまだに本質的に解決されたとは言い難いSTAP事件である。

二〇一四年六月十二日、理研が設置した外部有識者による改革委員会は、「発生・再生科学総合研究センター」の「解体」を求めると同時に、「STAP問題に係る個人及び組織の責任を明確にし、相応の厳しい処分を行うこと」などの提言を行った（研究不正再発防止のための改革委員会『研究不正再発防止のための提言書』）。

改革委員会の委員長を務めた東京大学名誉教授の岸輝雄氏は、記者会見の冒頭で、STAP事件が「世界の三大研究不正の一つとして認知された」という認識を示し、信州大学特任教授の市川家國氏は、「三つの事件のなかでも一番がSTAP細胞論文の問題で、これから教科書的に扱われることになる」と述べた。

ちなみに「世界の三大研究不正」の他の二つは、二〇〇二年にアメリカで起きたヘンドリック・シェーンの「超電導研究不正事件」と、二〇〇五年に韓国で起きたファン・ウソクの

「ES細胞捏造事件」である。

改革委員会は、とくに理研の小保方氏の「採用」時点から問題が始まっていることを厳しく指摘した。「小保方氏の採用プロセスは、過去の論文も応募書類の精査も無く、推薦書による確認を経ることなく面接セミナーが行われ、英語によるセミナーも省略して内定する、という過去の採用の慣例に照らし必要とされるプロセスを悉《ことごと》く省略する、異例づくめのものであった。さらに若山研究室における客員研究員としての小保方氏の研究活動についても聴取されなかった。小保方氏の採用は、客観的資料を基に本人の資質と過去の研究活動の内容を精査することなく決定されたもの、と言える」(前掲書)

また改革委員会は、小保方氏の処分についても、次のように厳しく提言している。「調査委員会は、小保方氏の研究不正行為、及びそのずさんなデータ管理のあり方の背景には、研究者倫理とともに科学に対する誠実さ・謙虚さの欠如が存在すると判断せざるを得ない、と指摘している。研究者倫理の欠如、科学に対する誠実さ・謙虚さの欠如は研究者としての資質に重大な疑義を投げかけるものであり、小保方氏の研究不正行為の重大さと共に、厳しくその責任が問われるべきは当然であり、極めて厳しい処分がなされるべきである」(前掲書)

それにもかかわらず、理研は、小保方氏を懲戒処分の対象とせずに「退職届」を受理し、退職後に、効力のない「懲戒解雇相当」にするという奇妙な方策を取った。結果的に、理研は、研究不正に対する自浄作用を示せなかったという事実を世界に示し、日本の科学史上に大きな汚点を遺したのである。

一般に科学論文の「研究不正」は、①盗用（他人の文章や画像を無断でコピー・ペーストする）、②改竄（データを意図的に都合よく切り貼りする）、③捏造（存在しないデータを故意に創作する）の順に「悪質」とみなされるが、小保方氏の論文には、そのすべてが「悪い例」として「教科書的」に登場する。

小保方氏の研究不正については、匿名ブロガーの 11jigen 氏が最も綿密な調査を行い、「小保方晴子のＳＴＡＰ細胞論文の疑惑」（http://stapcells.blogspot.jp/）というサイトに十二点以上の多岐にわたる研究不正の疑義を指摘している。ここでは紙面の関係から、代表的な六点だけを取り上げておきたい。

まず、①盗用については、小保方氏の博士論文にアメリカ国立衛生研究所サイトから（図1）、ＳＴＡＰ論文には Guo 氏の論文から（図2）の「盗用」が認められる。

次に、②改竄については、ＳＴＡＰ論文のバンドデータの「改竄」（図3）、③捏造については、ＳＴＡＰ論文の画像データの「捏造」（図4）が、二〇一四年四月に理研の調査委員会から認定された。この二点の研究不正認定に対して、小保方氏と弁護団は「不服」を申し立てたが、理研はこれを「却下」したため、結果的に「研究不正」と確定している。

さらに、二〇一四年十二月、理研の外部調査委員会は、小保方氏の研究不正を二点（「細胞増殖曲線」と「DNAメチル化解析」の「捏造」）追加したが、こちらの二点に対しては、小保方氏と弁護団が「不服」を申し立てなかったので、そのまま「研究不正」と確定している。なお、「細胞増殖曲線」の作成のための実験は「行われた記録がなく」、グラフに描かれた三日ごとの測定が小保方氏の勤務記録と合致しない。また、「DNAメチル化解析」では、小保方氏がデータを「意図的」に「選別」したことを認めている（図3）。その総括を抜粋した（図5）。

I. Introduction: What are stem cells, and why are they important?

Stem cells have the remarkable potential to develop into many different cell types in the body during early life and growth. In addition, in many tissues they serve as a sort of internal repair system, dividing essentially without limit to replenish other cells as long as the person or animal is still alive. When a stem cell divides, each new cell has the potential either to remain a stem cell or become another type of cell with a more specialized function, such as a muscle cell, a red blood cell, or a brain cell.

Stem cells are distinguished from other cell types by two important characteristics. First, they are unspecialized cells capable of renewing themselves through cell division, sometimes after long periods of inactivity. Second, under certain physiologic or experimental conditions, they can be induced to become tissue- or organ-specific cells with special functions. In some organs, such as the gut and bone marrow, stem cells regularly divide to repair and replace worn out or damaged tissues. In other organs, however, such as the pancreas and the heart, stem cells only divide under special conditions.

National Institutes of Health, "Stem Cell Information: Stem Cell Basics," http://stemcells.nih.gov/info/basics/pages/basics1.aspx.

図1 小保方氏の「博士論文」における文章盗用

（□部分が相互に異なる箇所。ここでは最初の1ページを示したが、この文章盗用は「博士論文」22ページまで続く。）

1. BACKGROUND
1.1 General Introduction
・Importance of stem cells

Stem cells have the remarkable potential to develop into many different cell types in the body during early life and growth. In addition, in many tissues they serve as a sort of internal repair system, dividing essentially without limit to replenish other cells as long as the person or animal is still alive. When a stem cell divides, each new cell has the potential either to remain a stem cell or become another type of cell with a more specialized function, such as a muscle cell, a red blood cell, or a brain cell.

Stem cells are distinguished from other cell types by two important characteristics. First, they are unspecialized cells capable of renewing themselves through cell division, sometimes after long periods of inactivity. Second, under certain physiologic or experimental conditions, they can be induced to become tissue- or organ-specific cells with special functions. In some organs, such as the gut and bone marrow, stem cells regularly divide to repair and replace worn out or damaged tissues. In other organs, however, such as the pancreas and the heart, stem cells only divide under special conditions.

小保方晴子「博士論文」p.1, 2011.

Chromosome preparation

Metaphase spreads of the ES cells were performed as follows. Subconfluent ES cells were arrested in metaphase by adding colcemid (final concentration 0.270 μg/ml) to the culture medium for 2.5 h at 37° C in 5% CO2. Cells were washed with PBS, treated with trypsin-ethylenediaminetetraacetic acid (EDTA), resuspended into cell medium and centrifuged for 5 min at 1200 rpm. To the cell pellet in 3 ml of PBS, 7 ml of a prewarmed hypotonic 0.0375 M KCl solution was added. Cells were incubated for 20 min at 37° C. Cells were centrifuged for 5 min at 1200 rpm and the pellet was resuspended in 3–5 ml of 0.0375 M KCl solution. The cells were fixed with methanol/acetic acid (3:1, vol:vol) by gently pipetting. Fixation was performed four times prior to spreading the cells on glass slides.

Multicolor FISH analysis (M-FISH)

For M-FISH analysis mouse chromosome–specific painting probes were combinatorially labeled using seven different fluorochromes and hybridized as previously described (Jentsch et al., 2003). For each cell line 9–15 metaphase spreads were acquired by using a Leica DM RXA RF8 epifluorescence microscope (Leica Mikrosysteme GmbH, Bensheim, Germany) equipped with a Sensys CCD camera (Photometrics, Tucson, AZ). Camera and microscope were controlled by the Leica Q-FISH software (Leica Microsystems Imaging solutions, Cambridge, United Kingdom). Metaphase spreads were processed on the basis of the Leica MCK software and presented as multicolor karyograms.

Guo J., et al., "Multicolor karyotype analyses of mouse embryonic stem cells," *In Vitro Cell Dev Biol Anim*: 41, 278-283, 2005.

図2 小保方氏のSTAP論文における文章盗用

（□部分が相互に異なる箇所。）

Karyotype analysis

Karyotype analysis was performed by Multicolor FISH analysis (M-FISH). Subconfluent STAP stem cells were arrested in metaphase by colcemid (final concentration 0.270 μg ml−1) to the culture medium for 2.5 h at 37 °C in 5% CO2. Cells were washed with PBS, treated with trypsin and EDTA (EDTA), re-suspended into cell medium and centrifuged for 5 min at 1,200 r.p.m. To the cell pellet in 3 ml of PBS, 7 ml of a pre-warmed hypotonic 0.0375 M KC1 solution was added. Cells were incubated for 20 min at 37 °C. Cells were centrifuged for 5 min at 1,200 r.p.m. and the pellet was re-suspended in 3–5 ml of 0.0375 M KC1 solution. The cells were fixed with methanol/acetic acid (3:1; vol/vol) by gently pipetting. Fixation was performed four times before spreading the cells on glass slides. For the FISH procedure, mouse chromosome-specific painting probes were combinatorially labelled using seven different fluorochromes and hybridized as previously described[41]. For each cell line, 9–15 metaphase spreads were acquired by using a Leica DM RXA RF8 epifluorescence microscope (Leica Mikrosysteme GmbH) equipped with a Sensys CCD camera (Photometrics). Camera and microscope were controlled by the Leica Q-FISH software (Leica Microsystems). Metaphase spreads were processed on the basis of the Leica MCK software and presented as multicolour karyograms.

Haruko Obokata, et al., "Stimulus-triggered fate conversion of somatic cells into pluripotency," *Nature*: 505, 641-647, 2014.

なお小保方氏がSTAP論文のメチル化のデータをまとめる際にも、「仮説を支持するデータとするために意図的なDNA配列の選択や大腸菌クローンの操作を行ったこと」が明らかにされており、調査委員会は小保方氏から「責任を感じている」と説明されたという。この点について調査委員会は、若山氏の責任も次のように厳しく指摘している。

> 小保方氏のデータ管理は杜撰であった。のみならず、小保方氏は、自認するとおり、得られたデータのうちの一部だけを仮説に沿って意図的に選別して提示し、データの誤った解釈を誘導する危険性を生じさせた。小保方氏はこのような危険性について認識しながらデータを選別したうえ、手動で作図して存在しないデータを新たに作り上げたものである。よって、捏造に当たる研究不正と判断した。
>
> このようなことが行われた背景には、共同研究者によるデータに対する過剰な期待があったことが推察された。若山氏は、上記のメチル化解析を小保方氏が行った研究室の主宰者であり、シニア研究者として小保方氏を指導監督するとともに、共同研究者として、データの正当性、正確性について十分な注意を払うことが求められていた。若山氏はデータの意図的な選別・提示に直接的に関与したとまでは認められないが、小保方氏が若山氏の過剰な期待に応えようとして捏造を行った面も否定できない。少なくとも若山氏は、小保方氏の指導監督を怠り、データの正当性、正確性について検証することなく、このような捏造を誘発したと認められ、その責任は過失とはいえ極めて重大である。

理化学研究所／研究論文に関する調査委員会「研究論文に関する調査報告書」p.20, 2014.12.25.

図3 小保方氏のSTAP論文におけるバンドデータ改竄

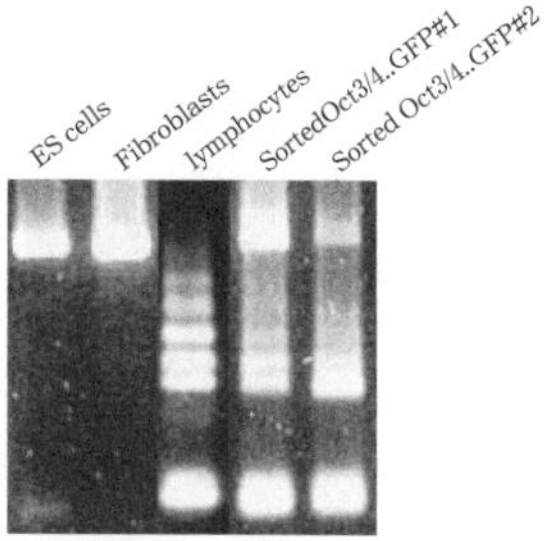

STAP論文Fig.1i に掲載されたバンドデータの画像。中央のレーンだけ背景が不自然に黒くなっていることから、ネットで最初に疑義が表明された。

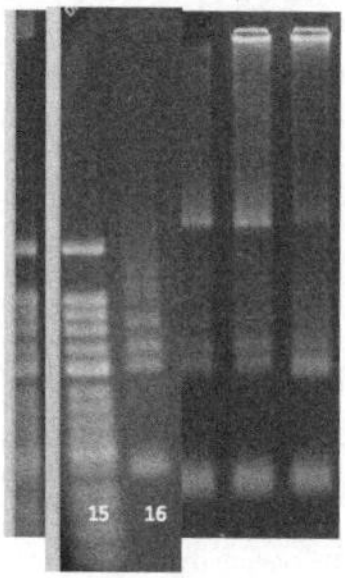

調査報告書に掲載された画像の切り貼りのイメージ。データの長さが異なる別のゲルからレーンを切り取り、拡大編集して挿入している。

理化学研究所／研究論文の疑義に関する調査委員会「研究論文の疑義に関する調査報告書（スライド）」p.6, 2014.4.4.

＊小保方氏はこのような行為が禁止されているということを知らなかったと説明。
＊研究者を錯覚させる危険性がある。
＊T細胞受容体遺伝子再構成バンドを綺麗に見せたいという目的性をもって行われたデータの加工。
＊その手法は科学的な考察と手順を踏まないものであった。
小保方氏が改ざんに当たる研究不正行為を行ったと判断した。

理化学研究所／研究論文の疑義に関する調査委員会「研究論文の疑義に関する調査報告書（スライド）」p.7, 2014.4.4.

＊小保方氏は、STAP細胞作製の条件の違いを十分に認識しておらず、間違えて使用したと説明。
＊論文１の画像は、2012年４月にNature誌に投稿し、採択されなかった論文にすでに使用されていた。
＊３年間の実験ノートが２冊しか存在なく、これらの画像データの由来を科学的に追跡することはできなかった。
＊Fig. 2eの３つの画像及び実験の存在は確認されたが、材料の由来の詳細は確認されなかった。
＊小保方氏が学位論文の画像に酷似するものを論文１に使用したものと判断。
＊データ管理がずさんであり、由来の不確実なデータを論文に使用した可能性もある。
＊学位論文と論文１では、実験条件が明らかに異なる。
＊論文１の画像には、学位論文と似た配置の図から切り取った跡が見える。
＊このデータはSTAP細胞の多能性を示す極めて重要なデータである。
＊明らかな実験条件の違いを認識せずに、論文１の図を作製したとの説明を納得することは困難。
＊データの信頼性を根本から壊すものであり、その危険性を認識しながらなされたと言わざるを得ない。

小保方氏がねつ造に当たる研究不正行為を行ったと判断した。

理化学研究所／研究論文の疑義に関する調査委員会「研究論文の疑義に関する調査報告書（スライド）」pp.15-18, 2014.4.4.（なお「論文1」とはSTAP論文のこと。）

図4 小保方氏のSTAP論文における画像データ捏造

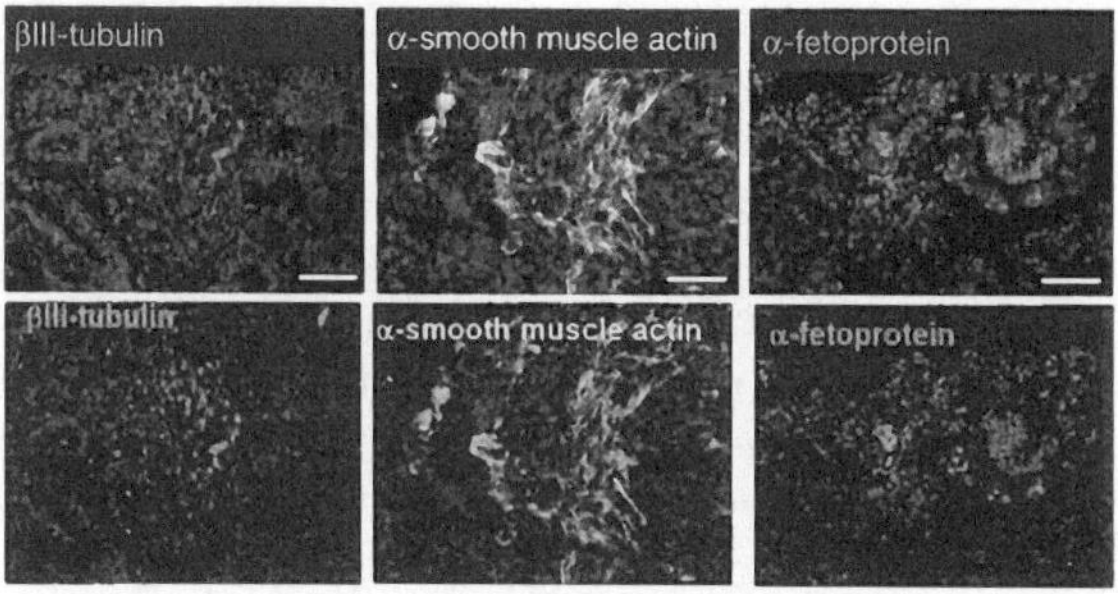

STAP論文 Fig.2e に掲載された3つの細胞の画像（上段）と「博士論文」に掲載された画像（下段）。小保方氏は「博士論文」に掲載した画像をそのままSTAP論文に流用した。さらに、それぞれの画像の上部にある名称、細胞の赤と緑の染色部分に変更を加えている。小保方氏は、まったく異なる実験の画像データであることを認識しながら、そのデータを加工してSTAP論文に使用した。調査委員会は、その行為を「ねつ造に当たる研究不正行為」と認定したわけである。

非常に多いという問題である。これも、図の作成や実験を行った小保方氏の責任と考えられる。

第四は、このように実験記録やオリジナルデータがないことや、見ただけで疑念が湧く図表があることを、共同研究者や論文の共著者が見落とした、あるいは見逃した問題である。また、STAP幹細胞やキメラについて明らかに怪しいデータがあるのに、それを追求する実験を怠った問題もある。これらに関しては、STAP論文の研究の中心的な部分が行われた時に小保方氏が所属した研究室の長であった若山氏と、最終的にSTAP論文をまとめるのに主たる役割を果たした笹井氏の責任は特に大きいと考える。

理化学研究所／研究論文に関する調査委員会「研究論文に関する調査報告書」p.30, 2014.12.25.

図5 総括

STAP論文に関して、科学論文およびその基礎となった研究の問題点まで視野を広げると、ここで認定された研究不正は、まさに「氷山の一角」に過ぎない。たとえば、以下の4つの点をとってみても、非常に問題が多い論文と言える。

第一は、本調査により、STAP細胞が多能性を持つというこの論文の主な結論が否定された問題である。その証拠となるべきSTAP幹細胞、FI幹細胞、キメラ、テラトーマは、すべてES細胞の混入に由来する、あるいはそれで説明できることが科学的な証拠で明らかになった。STAP論文は、ほぼすべて否定されたと考えて良い。これだけ多くのES細胞の混入があると、過失というより誰かが故意に混入した疑いを拭えないが、残念ながら、本調査では十分な証拠をもって不正行為があったという結論を出すまでには至らなかった。これは、本調査委員会の能力と権限の限界でもあると考える。

第二は、論文の図表の元になるオリジナルデータ、特に小保方氏担当の分が、顕微鏡に取り付けたハードディスク内の画像を除きほとんど存在せず、「責任ある研究」の基盤が崩壊している問題である。最終的に論文の図表を作成したのは小保方氏なので、この責任は大部分、小保方氏に帰せられるものである。また、STAP幹細胞、FI幹細胞、キメラマウス、テラトーマなどについて、作製後の解析を行ったのも大部分が小保方氏だが、その実験記録もほとんど存在しない。本当に行われたか証拠がない（行われなかったという証拠もない）実験も、いくつか存在する（細胞増殖率測定、Oct4-GFPを持つFI幹細胞の作製など）。

第三は、論文の図表の取り違え、図の作成過程での不適切な操作、実験機器の操作や実験法の初歩的な間違いなど、過失が

第三章——課題

1．これまでに何らかの不正を行った経験はあるだろうか。あれば、その経験を思い出して、なぜ自分がその不正を行ったのかを述べなさい。［ヒント——試験のカンニング、論文のコピペ、データの捏造、二重投稿や代理受験などを考える。］

2．不適切な「盗用」と適切な「引用」の相違を定義し、その境界事例について考察しなさい。［ヒント——「文部科学省・研究活動における不正行為への対応等に関するガイドラインについて」と「文化庁・著作物が自由に使える場合」のサイトを参照。］

3．「バレなければ研究不正をしてもよいではないか」という意見をどう思うか。［ヒント——たとえば中学校で振り子実験の宿題が出たとする。生徒Aは、振り子を揺らす実験を几帳面に百回繰り返し、二時間以上かけてグラフを作成した。生徒Bは、ネットに出ていた実験結果のグラフを五分でコピペした。二人とも成績評価は「A」だった。］

第四章 なぜ自己欺瞞に陥るのか

「割烹着演出」の虚実

助手　二〇一四年の春は日本中がＳＴＡＰ事件で沸いていたのに、世間の話題の移り変わりは早いですね。
教授　「人の噂も七十五日」と言うが、現代社会は、あらゆる情報がリアルタイムで飛び交っているから、「人の噂も七日」も持たない気がするなあ……。
助手　でも私は、ＳＴＡＰ事件をウヤムヤに終わらせてはならないと思うんです。「世界三大不正」の一つとまで数えられるようになった研究不正が、なぜ日本を代表する研究機関で生じてしまったのか。徹底的に解明して今後の対策を講じなければ、日本の科学界は危機に陥りかねません！

教授　この事件に対する君の意気込みはスゴイね！

助手　そんな茶化さないでください。同じ研究者の一人として、憤っているだけですから。及ばずながら、私も手持ちの資料を駆使して、小保方晴子氏の「嘘のテクニック」を研究してみました。私が焦点を当てたのは彼女の割烹着です！

教授　割烹着だって？

助手　二〇一四年一月二十八日、理化学研究所の発生・再生科学総合研究センターで開かれた記者会見には、マスコミ各社から五十人以上の報道陣が詰めかけました。そこでSTAP細胞のニュースが華々しく発表された後、報道陣は研究室に招き入れられました。

「実験風景の撮影を求められると、小保方氏は戸棚からおもむろに、母方の祖母から譲り受けたという割烹着を取り出した。かつて著名な科学誌に論文の掲載を断られ、落ち込んだときに、『とにかく一日一日頑張りなさい』と励ましてくれた祖母の言葉を忘れないよう、実験の時は必ず袖を通すという」（須田桃子『捏造の科学者』）

教授　小保方氏は、自分から割烹着を着て、ストーリーを展開してみせたのか……。

助手　そこで彼女の割烹着姿の「さながらアイドルの撮影会」が行われたわけです。その様子を須田氏から聞いた笹井芳樹氏は、「あいつ、やりおったか」と「嬉しそうに眼を細めた」そうです。
教授　新人女優がうまく演技できたので、演出家がご満悦といった情景だね。
助手　ところが、論文に疑義が提示されてから、マスコミも内幕を暴露し始めます。「笹井氏は小保方氏を大舞台に押し上げようと奮闘。会見に備え、理研広報チームと笹井氏、小保方氏が一カ月前からピンクや黄色の実験室を準備し、割烹着のアイデアも思いついた」(『中日新聞』三月十五日付)
　この記事に対して、理研の広報部は、部屋を塗り替えたのは二〇一三年秋だったと反論する一方、割烹着についてはいっさい知らなかったと述べています。
教授　やはり割烹着は、小保方氏と笹井氏二人だけの演出だったわけか。
助手　当時のネットの掲示板には、小保方氏が会見直前に伊勢丹で割烹着を購入したとか、リケン印の割烹着を売り出す予定らしいといった投稿もありました。
　そして理研の調査委員会が研究不正を認定。小保方氏は不服を申し立て、四月九日に弁護士同席の記者会見を開きます。そこで小保方氏は「割烹着は三年前から着て実験していました」と明言し、割烹着の報道に対しては「皆さん面白いところに興味を持つなあと思いました。あまりにも予想外な報道だったので。恐ろしかったです、正直」と答えました。

教授　自分からアピールしたのに「予想外な報道」で「恐ろしかった」とは……。

助手　ところが六月十六日、小保方氏を三年前から研究室に迎えていた若山照彦氏が「割烹着は見たことがない」と証言しました。

教授　「見たことがない」だって？

助手　私が発見した小保方氏の最も高度な嘘のテクニックは、疑義を攻撃的に打ち消すことによって、逆に嘘を正当化してみせる方法だと思うんです。そのことは、小保方氏の代理人を務める三木秀夫弁護士の証言に登場しています。

「割烹着については『ほんまに着てたの？』と一遍、聞いたことがあるんです。『先生、何言ってるんですか！　これは前から着ていました。先生までマスコミに踊らされて』と言われました」（『文藝春秋』二〇一四年九月号）！

大川隆法氏と小保方晴子氏

助手　二〇一五年四月の理化学研究所の人事異動を見て驚いたんですが、野依良治氏は理事長を辞任したとはいえ理研の「相談役」に就任、ＳＴＡＰ事件の対応を主導した川合眞紀理事は、なんと「理事長特別補佐」に昇格しています！
教授　信じられない「お花畑」の世界だなあ……。
助手　そして、理研を退職した小保方晴子氏は、どこに再就職するのかしらと思っていたら、二〇一四年四月の段階で、「幸福の科学」総裁の大川隆法氏がエールを送っていました。
「当会は千葉県に大学を作る予定です（二〇一五年開学予定）。もし、小保方さんが正しくて、その研究はノーベル賞を取れるような筋のものであるにもかかわらず、業界から干され、〝村八分〟になって、『もう研究場所がない』と言われたら、幸福の科学大学のほうで招いても別に構わないと思っています」（『小保方晴子さん守護霊インタビュー――それでも「ＳＴＡＰ細胞」は存在する』）
教授　しかし、仮に小保方氏が「正しい」研究者で、その研究にノーベル賞級の価値があったら、科学界が手放すようなことはしないだろう。小保方氏が「業界から干され」たとすれば、それは彼女が「研究不正者」と認定されたことが原因だからね。
助手　たしかに。
教授　しかも「幸福の科学大学」の設置そのものが二〇一四年十月末に「不認可」になった

から、大川氏が小保方氏を大学に招こうにも、その大学自体が存在しない状況なんだが……。

助手　どうして不認可になったんですか?

教授　学校法人「幸福の科学学園」が申請していた大学では、「創立者の精神を学ぶ」などの必修科目で大川氏の著作を教科書として使用する予定にしていた。大学設置・学校法人審議会が文部科学省に答申した理由書によると、「科学的合理性が立証できていない『霊言(霊言集)』を本大学における教育の根底に据えるということ」が問題視されたことが、大きな理由のようだ。

助手　ちょっと調べてみたんですが、宗教法人「幸福の科学」の本尊は「エル・カンターレ」すなわち「麗しき光の国、地球」の「最高神」だということです。そのエル・カンターレのもとに射手座から「アモール」、蟹座から「モーリア」、白鳥座から「セラビム」という「高級神霊」が集まって応援した結果、人類が誕生したそうです。その後、エル・カンターレは釈迦、アモールはキリスト、モーリアはモーゼ、セラビムは孔子に転生したそうです。

教授　宇宙人の「霊」が人間に転生したということ?

助手　そのようです。あらゆる人間は過去の人間の生まれ変わりということで、大川氏はエル・カンターレすなわち釈迦の生まれ変わりで「人類の創造主・最高指導者」だそうです。

教授　なんだって？　釈迦は輪廻転生から解脱して仏陀になったはずなのに、また生まれ変わったの？

助手　らしいです。ナポレオンはアレクサンダー大王、リンカーンは聖徳太子、フランクリン・ルーズベルトはフビライ・ハン、ケネディは項羽、松尾芭蕉は杜甫《とほ》、勝海舟は諸葛孔明、乃木希典《まれすけ》は楠木正成の生まれ変わりだそうです。

教授　歴史上の人物の連想ゲームみたいに聞こえるが……。

助手　現在活躍中の人物では、安倍晋三氏が大伴家持、麻生太郎氏が真田昌幸（幸村の父）、櫻井よしこ氏が藤原彰子（道長の長女）、国谷裕子氏が与謝野晶子、北川景子氏が小野小町の生まれ変わりということで……。

教授　「花の色は　移りにけりな　いたづらに　我身世にふる　ながめせしまに」……。

助手　そして小保方晴子氏は、医学の父ヒポクラテスと天文学の父ガリレオの転生で、「守護霊」はキュリー夫人だそうです。

教授　その三人、どう考えても、小保方氏とは似ても似つかぬ人物だと思うがね。

「小保方晴子守護霊」！

助手　二〇一四年四月八日、大川隆法氏は小保方晴子氏の「守護霊」を呼び出したそうです。その様子は収録され、『小保方晴子さん守護霊インタビュー――それでも「ＳＴＡＰ細胞」は存在する』として出版されています。

大川氏が「小保方晴子さんの守護霊よ。どうぞ、幸福の科学総合本部に降りたまいて、その本心なるご主張をしてくださいますことを、心の底よりお願い申し上げます」と言うと、「約三十秒間の沈黙」後、「小保方晴子守護霊　フハァ……」と現れたとなっています。

教授　その「フハァ」というのは大川氏の声だろう？　しかしそれが書籍では「小保方晴子守護霊」の発言と記載されているということは、その時点で「守護霊」が大川氏に乗り移ったと読者に読んでほしいわけだ。

助手　大川氏の「霊言現象」は「高度な悟りを開いた者に特有」な「あの世の霊存在の言葉を語り下ろす現象」であって、霊媒が霊の言葉を語る「霊媒現象」とは異なると書いてあります。

教授　つまり、霊媒師のようにトランス状態に陥らないということ？　それで三十秒で「守護霊」が登場するのかな。奇術師ハリー・フーディーニが霊媒師の嘘を暴いたのは、イディッシュ語しか話せない母親の霊が、流暢な英語で答えたからだが……。
助手　大川氏によれば「外国人霊の霊言の場合には、霊言現象を行う者の言語中枢から、必要な言語を選び出し、日本語で語ることも可能」だということです。
教授　霊が乗り移ったにもかかわらず、霊の「母語」で話せなかったり「口調」を真似できなければ、すぐにインチキがバレる。だから「霊言」は「霊媒」とは異なると主張しているんだろうが、やっていることは霊媒師と同じように映るが。
それにしても、約百七十年前のフォックス姉妹のイタズラから始まったスピリチュアリズムが、ついに現実に生きている人間の「守護霊」を呼び出すまでになったとは、イベント化も進んだものだね。それで、その先はどうなるの？
助手　「小保方晴子守護霊　ええ……、うーん……、まあ、うーん、うーん……、あ、うーん……、うん、うーん……、ああ……、うーん……、うーん……、うーん……、うーん……、うーん、うーん、うーん、に・ほ・ん、ああ……、に……、に、に、に、に、に・ほ・ん・ご？」と続きます。
教授　そんなに続くの？

助手　この本は一ページが縦三十五文字・横十一行という文字組ですから、この発言だけで約ページ半分に相当します。こんな擬音語が四ページほど続いて、母語が英語なのか尋ねられると、「守護霊」は次のように答えます。

「小保方晴子守護霊　ああ、イングリッシュ。イングリッシュか……。なるほど。うん、イングリッシュを、『英語』っていうのか。そっか、なるほど、米語じゃなくて、英語かっ。そうかっ。そうかっ、そうかっ。ああ……、ああ……、うーん……、うーん……、うーん……、頭の……、この人（大川隆法）の、あ、頭のなかに（自国語の）語彙《ごい》がないので、うーん……、使えない……」

教授　小保方氏の守護霊がキュリー夫人だったら、母語はポーランド語のはずだが。

助手　ところがその次のページになると、急に流暢な日本語を喋り始めます。そして、その内容は完全な小保方氏擁護論です。「小保方晴子守護霊」は、「盗用したこともないし」、『捏造』って言われるのは、ちょっと心外」と言い訳を繰り返し、「ＳＴＡＰ細胞自体は、存在するんです。私がやれば再現できます」と断言します。

教授　事実とは正反対だがね。

助手　大川氏は、野依良治氏の守護霊も呼び出して『「嫉妬・老害・ノーベル賞の三角関数」

守護霊を認めない理研・野依良治理事長の守護霊による、ＳＴＡＰ細胞潰し霊言――されど「事実」は時に科学者の「真実」を超える』も出版しています。

教授　その本の書名、意味不明じゃないか？

そもそも宗教法人「幸福の科学」の教義を信仰するのもしないのも個人の自由だから、その点に踏み込むつもりはない。けれども、教祖の大川氏が、現存する人物を歴史上の人物の「生まれ変わり」と断定し、その「守護霊」の「霊言」を語って公に出版していることについては、疑念を抱かざるを得ない。

助手　大川氏は、三百冊以上の「霊言集」を出版しています。北川景子・綾瀬はるか・ローラ・武井咲・高倉健・深田恭子・唐沢寿明・木村拓哉のような芸能人の「霊言集」も多く、彼らの人気に便乗しているのではないかという批判がネットに投稿されています。

教授　大川氏の長女の咲也加《さやか》氏が、二〇一三年にお茶の水女子大学文教育学部に提出した卒業論文「明治憲法の制定と信教の自由」について、同大学の耳塚寛明副学長が「当該論文の主要部分の少なくとも３分の２程度が、ほぼ先行研究（４件）からの無断引用で成り立っていることを確認」（『週刊新潮』二〇一五年六月十一日号）と報じられた。しかもその卒論は、著書として公に出版されたために「盗用」が発覚したようだ。

助手　卒論の三分の二がコピペだったら、その単位は「不可」に修正され、学士の学位も「剝奪」されるのが通例ではないかしら。ところが驚いたことに、「この学生は大学側の事情聴取に応じておらず、規定がないため処分も行わない」（「時事通信」六月十三日付）ということです。咲也加氏は、琴座のベガから飛来した「女王の霊」が「天照大神」となり、「光明皇后」を経て、「吉田松陰」から転生したそうですが。

教授　吉田松陰といえば、あらゆる「不正」を最も憎んだ人物じゃないか。その生まれ変わりが、論文を「盗用」したとは……。

助手　アラーやモハメッドの「霊言集」を見たら、「冒涜《ぼうとく》」と受け取るイスラム教徒もいるかもしれませんね。

咲也加氏の母親の大川きょう子氏は、一九八八年に大川氏と結婚し、三男二女をもうけました。当時、きょう子氏の前世は、美と愛の女神「アフロディーテ」と智慧《ちえ》を司《つかさど》る「文殊菩薩」と白衣の天使「ナイチンゲール」のはずでした。ところが、夫妻に不和が生じ、大川氏を批判したきょう子氏は、二〇一一年に教団から「永久追放」されます。その後、きょう子氏の前世は、キリストを裏切った「ユダ」に変更されました。

教授　前世が変更されたって？　結婚時に「美と愛の女神」だった妻が、離婚時に実は「裏切り者のユダ」だったと変わる「霊言」は、これまで聞いた中で最も説得力があるかもしれないね。

STAP事件とフォックス事件と陰謀説

助手　二〇一五年十一月二日、早稲田大学の鎌田薫総長が記者会見を開いて、小保方晴子氏の「博士学位の取り消し」を公表しました。

教授　STAP事件に関して決定的だったのは、ハーバード大学や北京大学など、四カ国の七つの研究機関が百三十三回に及ぶ再現実験を行ったにもかかわらず、ただの一度もSTAP細胞を作製できなかったという事実だ。

これらの実験結果を報告する二つの主要論文が二〇一五年九月二十三日に『ネイチャー』誌に発表された結果、少なくとも科学界では、STAP事件に完全に決着が付いた。

助手　博士学位の件では、早稲田大学が「指導・審査過程」に「重大な不備・欠陥」があったことを認め、約一年間の猶予期間を設けていましたが、小保方氏が再提出した改訂論文は「博士学位にふさわしい」とは認められませんでした。

この決定に対して、小保方氏は「一回のやり取りだけで不合格の判定をされ、それに対する私の意見も聞く耳を全く持って頂けない状況でした。これでは、当初から不合格を前提とした手続きであり、とても不公正なものであったと思います」(『毎日新聞』十一月二日付)と抗議し、提訴も辞さない姿勢ということです。

教授　その抗議には、大学側も即座に反応したね。

助手　十一月四日、次のような「見解」を発表しました。「指導教員等は3回にわたり小保方氏のもとを訪れて直接の指導をし、また、20通を超えるメールのやり取りや電話によって、論文の訂正に係る指導が行われており、事実、小保方氏からは最初の草稿以降に3回改訂稿が提出されております」(早稲田大学『小保方晴子氏のコメントに対する本学の見解について』)

教授　つまり小保方氏の「一回のやり取りだけ」という言葉は事実ではなかったわけだ。彼女はSTAP細胞を「二百回」作製したと公言したが、それも事実ではなかった。もしかすると彼女の目には、別世界が見えているのかな……。

助手　ネットを見ると、STAP事件には「陰謀説」が沢山あります。本当はSTAP細胞が存在するのに、iPS細胞やES細胞よりも簡単に大量生産できるために「圧殺された」とか、その背景には巨大利権を握る医療機関や製薬・保険会社が存在するとか……。「別世界」の妄想は、尽きることがないみたいですね。

教授　まさに「陰謀説」自体の多くがオカルトだからね。アポロ11号は月着陸していなかったとか、東日本大震災は人工地震攻撃だったとか、あまりに反対証拠が多すぎて、ばかばかしいから専門家も相手にしない。すると、いつのまにかウイルスのように蔓延してしまう。

助手　ニュースキャスターの辛坊治郎氏は、「誰かが意図的に小保方さんが作った『光る細胞』をiPS細胞かES細胞にすり替え」たという「仮説」を提唱し、「その『誰か』こそが『事件』の本当の黒幕」であり、「われわれマスコミの責任はこの仮説を立証することです」とまで述べています（『スポーツ報知』二〇一四年十二月二十九日付）

教授　フォックス姉妹が不正行為を告白した後も、二人の「霊能力」を妄信する人は後を絶たなかった。つい最近も、私の「スピリチュアリズムの起源はイタズラ」という発言に対して、「姉妹は、金のために偽って『降霊詐欺』と告白したことを知らないのか」と私に抗議してきた大学教授がいて、驚いたよ。

もし姉妹が「霊媒師」を続けていたら、顧客は大統領夫人にまで広がっていたから、大儲けして金に困ることなどなかっただろう。いかなる経緯で姉妹が告白に至ったのか、研究者を名乗る以上、きちんと一次資料から調査してほしいね。

助手　もしＳＴＡＰ事件で誰かが「私がＥＳ細胞を混入してＳＴＡＰ細胞を作製しました」と告白したとしても、その告白が嘘だとか、金のためだとか、黒幕の命令で言ったとか、いくらでも「陰謀説」ができそうですね。

教授　結局、人間は、見たいものを見て、信じたいものを信じるということだよ。

小保方晴子氏とオペラ座の怪人

助手　ＳＴＡＰ事件に新たな展開がありました。二〇一六年一月二十八日、小保方晴子氏が手記『あの日』を発表しました。

教授　理化学研究所が大掛かりな記者会見を設定し、彼女が笹井芳樹氏、若山照彦氏と手を取り合って、三人でＳＴＡＰ細胞のニュースを華々しく発表したのが、ちょうど二年前の二〇一四年一月二十八日だった。「あの日に帰りたい」という願望なのかな……。

助手　その後、ＳＴＡＰ論文に数々の研究不正が発覚、若山氏が中心になって『ネイチャー』誌に論文撤回を申し入れ、笹井氏は自殺しました。この訃報に接した彼女は「笹井先生がお隠れになった。8月5日の朝だった。金星が消えた。私は業火に焼かれ続ける無機物になった」と書いていています。

教授　その言葉を聞くと、「この禍々《まがまが》しき怪物は地獄の業火に焼かれながら、それでも天国に憧れる」という台詞を思い出すなあ……。

これはミュージカル『オペラ座の怪人』で、マスクを外した怪人が「私はオペラ座の怪人。思いの外《ほか》に醜いだろう?」と叫ぶ場面の台詞だが、もしかして小保方氏は自分のことを「怪人」と自覚したということなのかな?

助手　いえいえ、とんでもない。私が読んだ限りでは、小保方氏は、自分のことを世界から裏切られた「悲劇のヒロイン」だと思っていますよ。

ただし外見を気にするのは今も相変わらずで、記者会見の前夜に「ラーメンを替え玉つき」で食べたから、「顔はパンパンテカテカ」だったと書いてありました。

それにしても、彼女も表舞台から去って、ようやく落ち着いて勉強できるはずなのに、どうして今になって、事件を蒸し返すような手記を発表したのかしら。

教授　以前から私は、いずれ小保方氏は、いざというときのために、自分は「陰謀」の犠牲者だと伏線を張るだろうと思っていたがね。

というのも、理研の外部調査委員会によって、STAP細胞はES細胞から捏造されたことが明らかにされた以上、彼女以外にES細胞を混入させた「黒幕」が存在しなければ、彼女が「真犯人」だと認識されてしまうからだ。

助手　そこで小保方氏は、その黒幕は若山氏で、自分は「陰謀」の犠牲者だと主張する本を書いたわけですね。

教授　理研は、小保方氏の論文に四カ所の研究不正を認定、退職後の小保方氏に「懲戒解雇相当」の判断を下した。早稲田大学は、小保方氏の「博士論文」に二十六カ所の研究不正を認定、結果的に彼女の博士学位を剝奪した。

科学の世界では、彼女は明白な「研究不正者」ということで、話は終わっているんだが、小保方氏が弁護士を雇って理研と早稲田大学に不服を申し立てたことからもわかるように、彼女自身は自分を「研究不正者」とは思っていないわけだ。

助手　小保方氏は、「一片の邪心もありませんでした」と主張しながら、過去を塗り替えようとしています。STAP騒動の黒幕を若山氏に押し付け、責任の一部を故笹井氏に転嫁してでも。『あの日』は、彼女の全面的な「自己正当化」であると同時に、他者に対する恐ろしいほどの「悪意」の書だと思います。私、読んでいる途中から気分が悪くなってきて……。

教授　真実の前で謙虚になるのが科学だが、虚構を求める衆目は、真実からかけ離れたオカルトを生み出す。周囲が騒げば騒ぐほど、小保方氏は誰にも制御できない「怪人」に変異してしまうんじゃないかな……。

小保方晴子『あの日』の疑惑

助手　小保方氏の『あの日』を、彼女と同世代の私たち女性研究者で回し読みしたんですが、ほぼ全員の感想が「盗人《ぬすっと》猛々《たけだけ》しいよね」でした。

教授　つまり、小保方氏は「盗みのような悪事を働いていながら図々しく平然として、それを指摘されると開き直って食ってかかる」ように君たちに映るわけだ。

助手　小保方氏が文章や画像をコピペし、写真を切り貼りし、実験データを捏造しても、これまで誰も厳しく注意しなかったことに、その原因の一端があるとは思います。『あの日』には、彼女が早稲田大学・ハーバード大学・理化学研究所と渡り歩く先々で、「ベスト3に入る学生」「過去15年間で最高のプレゼンテーション」「最も優秀なポスドク」と褒められる話ばかりが登場し、彼女の研究姿勢が根本的に問われる話は出てきません。

本来は学問の厳正さを教えるべき立場の人々が、小保方氏の言葉や表情に踊らされ、彼女を真の「科学者」に導く「恩師」は一人も現れなかった。その意味では彼女も一種の犠牲者かもしれないので、「盗人にも三分《さんぶ》の理」という感想もありました。

教授「悪事を働いた者にも、それなりの理由がある」か。ただし、その言葉には「理屈はどうにでも付けられる」という意味もあるがね。

助手　そういえば、『あの日』では、小保方氏が記者会見でSTAP細胞を「二百回」作製したと断言したのは、途中経過の意味だったと、話がすり替えられています。

元兵庫県議会議員の野々村竜太郎氏が、一年間に「百九十五回」出張したと報告し、詐欺容疑で起訴された裁判で、目の前に証拠を突き付けられても、「記憶がありません」と回答をはぐらかす姿を思い出しました。

二〇二〇年東京オリンピック・パラリンピックのエンブレムも、いったんは多摩美術大学教授の佐野研二郎氏のデザインに決まったのに、「盗作」で訴えられて使用中止になりました。その後、彼の関与したトートバッグやポスターのデザイン、ロゴやシンボルマークにも「盗用疑惑」が指摘されたのに、彼は「ものをパクるということを一切したことはない」と断言したままです。

教授　もし君が「私がSTAP細胞を捏造しました」とか「私がカラ出張で政務活動費を詐取しました」とか「私がデザインをパクりました」という誰かの告白を期待しているんだったら、それは無理だと思うよ。

助手　どうしてですか？

教授　なぜなら、現代社会は利己主義に支配され、「正直者がバカを見る」思想が蔓延しているからだ。仮に不正がバレても、あくまでシラをきって自己正当化し、真実を嘘で塗り替え、ほとぼりが冷めるのを待つ方が「得」だと考える人の方が多いわけだよ。

助手　小保方氏の研究不正の中で最も「悪意ある捏造」とみなされるのが、論文の根幹を成すテラトーマ画像を博士論文から使い回した点でした。

『あの日』には、「私がテラトーマの写真の差し替えを忘れたことに原因があった。私が注意深い確認を怠ったために、このような間違いが起こったのだ。私の研究者としての自覚の低さ、認識の甘さを、心から恥じた」とあります。

教授　いかにも自分の「間違い」を真摯に反省しているように読めるね。

助手　この件が表沙汰になると「大混乱」になるので、彼女は「国会図書館に収められている博士論文を大学から回収してもらえないでしょうか」と常田聡教授に頼んだそうです。

教授　「証拠隠滅」まで試みていたとは、驚いたね。

助手　彼女の博士論文から流用された画像は、『ネイチャー』誌へ最初に投稿した時点で九枚もありました。その後、出版前に編集を加えた修正版には四枚になっています。つまり、修正時に取捨選択しているから「故意性」は明らかだし、それらの画像には、博士論文当時に写真上にプリントされた文字を加工した跡もクッキリ。とても「間違い」で説明できるレベルじゃないわ。真っ赤な嘘ですよ！

教授　というか、真っ黒！

東邦大学研究不正事件と岡山大学研究不正事件

助手　研究不祥事が脚光を浴びたおかげで、私たちの仕事も激増して大迷惑！　今日も研究倫理委員会、公的研究費適正使用ガイドライン説明会、公正研究推進会議と続いてダウンしそう。

教授　それはお疲れさま。ついでに、この資料も君にプレゼントするよ。

助手　『藤井善隆氏論文に関する調査特別委員会報告書』……。何ですか、これ？

教授　二〇一二年六月、日本麻酔科学会の専門委員会が作製した百二十四ページに及ぶ立派な報告書だよ。

中身は、東邦大学医学部第一麻酔科准教授だった藤井善隆氏が、一九九〇年から二〇一一年にかけて発表した二百十二編の論文を調査した結果だが、実に論理的な構成と精緻な分析手法で、大いに参考になるはずだ。

助手　二百十二編ですって？　藤井氏は、そんなハイペースで論文を書けたのかしら……。

教授　藤井氏の論文の大部分は、麻酔を用いた外科手術後の悪心嘔吐に対する医薬品の治験や動物実験に関するテーマだが、驚いたことに、二百十二編のうち、「論文再現が可能な生データ」があり「論文に記載された対象数」が確認できる論文は、たった三編しかなかった。三十七編は「捏造の有無を判断するに足る情報が得られなかった」論文。なんと百七十二編の論文が「捏造」と認定され「撤回」された。個人研究者の論文撤回数としては、世界最大の新記録だよ。

助手　「研究不正の王様」！

教授　調査報告書には、次のような結論がある。「研究対象の動物または症例が実在し、研究を実施したのは初期の論文のみであり、それ以外の大多数については研究対象が1例も実在せず、薬剤の投与も行われず、研究自体が全く実施されなかったものである。即ちあたかも小説を書くごとく、研究アイデアを机上で論文として作成したものである」

助手　医学論文を「小説」のように！　それで本人は、不正を認めたんですか？

教授　いやいや、大多数の研究不正者に共通する特徴だが、藤井氏も「捏造は1編たりともしていない」と断言した。だが、そのことを裏付ける「論文の生データ、実験ノート」は残っていない。さらに彼は、他の研究者からの捏造指摘を「不当」と逆ギレ、共著者に責任転嫁するような発言もあった。
助手　まるでＳＴＡＰ事件！　藤井氏に研究不正者の心理を解説してほしいくらいだわ。
教授　彼は東邦大学を諭旨退職処分となった後、行方不明となった。ただし医師資格までは剝奪されていないから、どこかで医療に携わっているかもしれないが……。
助手　日本は研究不正に対して甘すぎだと思います。
教授　あまり報道されないが、現在進行中の研究不正事件は他にも幾らでもあってね。とくに最近、大学関係者の間で問題視されているのが、研究不正を内部告発したために、告発者が不利益を被《こうむ》る悲惨なケースだ。
　数年前、岡山大学薬学部の博士論文にコピペが発覚した。それどころか、論文の根幹を成す実験にも捏造が疑われた。そこで危機感を抱いた当時の薬学部長の森山芳則教授と副学部長の榎本秀一教授が、医学部と薬学部関係者の過去の論文二百編を調査した。すると、なんと合計三十一編に研究不正が見つかった。驚いた二人は森田潔学長に報告したが……。
助手　よくある話……。きっと学長は、大学の権威が大事だから、表沙汰にするなと言ったんでしょう。

教授　そのとおり。二人の調査によれば、とくに研究不正が常態化していたのが、大学病院長と遺伝子治療の有名教授の研究室だが、どちらも製薬会社から億単位の研究費を受ける看板講座だ。しかも研究不正は、大学中枢の理事らの論文にも含まれていたから、学長も、とても手を付けられない状態と逃げ腰になったようだ。

助手　「白い巨塔」みたい！

教授　結果的に、学長サイドの調査委員会は「研究不正はなかった」という調査報告を提出。逆に学長は告発した二人に「職務命令違反」等で自宅待機を命じ、年末に突然、「懲戒解雇」処分にした。

　二人はこれを不服として、二〇一六年一月に処分無効訴訟を起こしたところ、六月に岡山地方裁判所は「解雇権の濫用《らんよう》」を指摘して大学に処分無効を命じる仮処分を下したばかりだ。といっても、学長サイドも「不服申し立て訴訟」を起こすそうだから、まだまだ事件は長引きそうだがね。

助手　闇が深すぎますね。

ハーバード大学研究不正事件と研究公正局

助手　二〇一六年二月二十七日、『ネイチャー・プロトコルズ』誌が、小保方晴子氏を筆頭著者とする論文を撤回しました。これは、二〇一一年に掲載されたSTAP論文とは無関係の「細胞シート」に関する論文です。

教授　その論文については、東京大学の地震学者ロバート・ゲラー氏が、論文中の二つのグラフが酷似していると疑義をネットに表明していた。組織工学の専門外の識者が見ても欠陥に気付く怪しい論文だが、なぜこの時期に撤回したのかな……。

助手　共著者は、東京女子医科大学の岡野光夫氏と大和雅之氏、それに早稲田大学の常田聡氏で、全員が小保方氏を指導したことのある教員です。

この三人が「図の元データを確認できず、結果に確信が持てないとして撤回を申し出た」(『毎日新聞』二〇一六年二月二十七日付）そうです。

教授　これでSTAP関係の二編と合わせて、小保方氏を筆頭著者とする論文は、三編が撤回されたことになる。

助手　取り消しになった「博士論文」を加えると四編、そのもとになった『ティッシュ・エンジニアリング』誌の論文にも疑義が提示されています。やはり、彼女の関わった論文は、すべて再調査の必要がありそうですね。

教授　一九八一年、ハーバード大学で、似たようなスキャンダルが巻き起こった。当時の大学付属病院長は、著名な心臓病理学者のユージン・ブラウンワルドで、彼は国立衛生研究所（ＮＩＨ）の三百万ドル以上の研究費を統括していた。

そのブラウンワルドに取り入ったのが、ジョン・ダーシーという三十三歳の研究員だ。ダーシーは、教授の理論に沿った実験結果を次々と発表してブラウンワルドを喜ばせ、九月には准教授に昇格する予定になっていた。

助手　三十三歳でハーバードの准教授なんて、超エリート！

教授　ところが心臓研究室の研究員らは、ダーシーの実験があまりにも都合よく進むため、疑念を抱くようになった。ついに彼らはダーシーを問い詰めて、元データを見せるように迫った。

助手　もしかして、架空実験だったんですか？

教授　ダーシーは、イヌの心臓に薬物を投与して二週間の経過を観察した論文を書いていたが、実験ノートも病理組織も誰にも見せようとしない。そこで研究員らは、ダーシーが捏造するに違いないと睨んで、張り込みをした。
一九八一年五月二十一日、ダーシーはイヌを測定装置に固定して、動物実験を始めた。装置からは、心電図や血液量測定記録などが流れ出てくる。彼は、これらの測定記録を切り貼りして、一日目、二日目と書き込み、二週間分の実験データを捏造するのに夢中だった。そこに研究員らが突入した！
助手　キャー！　それは言い逃れできないわ！
教授　さすがにダーシーも捏造を認めたが、研究不正を行ったのは、あくまでこの一件だけだと弁解した。
ここで問題なのは、この報告を受けたブラウンワルドが、ダーシーを擁護して、それ以上何も調査しようとせず、大学当局にもいっさい報告しなかったことだ。
助手　まるで小保方氏を庇《かば》った理研の上層部みたいに……。
教授　その五カ月後、ダーシーは七十二万ドルの研究費に関わる研究報告書をＮＩＨへ提出したが、その実験データに「捏造」の痕跡のあることがＮＩＨの審査委員から指摘された。腰の重いハーバード大学も調査委員会を発足させたところ、三十編の論文に次々と研究不正が発覚、撤回して昇格も取り消した。

さらに、ダーシーの前任校エモリー大学も調査を行い、彼がハーバードに就任する以前の五十二編の論文を撤回した。

助手　どうしてそんなに捏造を繰り返すのかしら……。

教授　研究不正というのは、どうも麻薬のようなものらしくてね、最初はデータを都合よく読み取るような些細な誘惑から始まるが、次第にデータを操作するようになり、ついには架空実験を捏造するようになる。

いわば「依存症」のようなものだから、当事者も止められないのかもしれない。ダーシーの事件の後、アメリカは捜査権限のある「研究公正局」を創設した。

助手　健全な研究推進のためには、日本にも「研究公正局」が必要じゃないですか！

「魔術」と「悪意」

助手　ハーバード大学事件で、ジョン・ダーシーが捏造している瞬間を捕えた研究員たちは、張り込みまでしたなんて、スゴイですね。

教授　すでに話したように、ダーシーは大学付属病院長ユージン・ブラウンワルドのお気に入りで昇格する直前だった。他の研究員らは、彼が偽善で出世するのが許せなかったわけだ。

助手　思えば二〇一四年四月、笹井芳樹氏は、理化学研究所「発生・再生科学総合研究センター長」に内定していました。もしSTAP事件が、こんなに大騒動にならなければ、笹井氏のお気に入りだった小保方晴子氏も、今頃は教授クラスに昇格していたかも……。

教授　先日、海外の研究者から「なぜ日本では研究不正者の本がベストセラーになるのか」と尋ねられてね。「日本は、研究不正に寛容で、若い女性に優しく、お花畑の陰謀論やオカルトの好きな読者が多いからだろう」と答えておいたが……。

助手　冗談でなく、私たち女性研究者は怒っていますよ。文章と画像のコピペ、写真の切り貼り、実験データ捏造、稚拙な実験ノートが、日本の「リケジョ」の水準と思われては困ります。

　理研の研究員もハーバードの研究員みたいに張り込んで、ES細胞を混入させる瞬間を現行犯で捕まえられなかったのかしら！

教授　理研は、最後まで小保方氏を庇っていたからね。再現実験でも莫大な経費をかけて、いっさい研究不正のできない環境を構築した。

助手　再現実験について、小保方氏の『あの日』には、「『魔術を使うことを防ぐために』監視カメラや立会人による24時間の監視に加え、私の行動のすべては立会人によって記録された。実験室に持ち込む物、私が手にする物のすべては記録され、ほんの少し手を動かすことも、物を持ち直すことも自由にできなくなった」とあります。

教授　逆に、もし再現実験が以前と同じ環境で行われたら、小保方氏も以前と同じように「STAP細胞」を作製できたはずだろう？

その瞬間を暴けば「魔術」の正体も判明しただろうが、その場合、「魔女」を採用した理研の責任が強く追及される。だから理研は、「魔術」を使えない監視状況にして、無意味な再現実験を数カ月実施してみせたわけだ。

助手　そこでどうしても不思議なのは、笹井氏や若山照彦氏のような一流の科学者が、なぜ最初から「魔術」に気付かなかったのかということ……。

教授　それは以前も話したように、科学者といえども人間だから、成功に目が眩《くら》んだんじゃないかな。それに、実は科学者の方が一般人以上に「魔術」に騙されやすい傾向があってね。科学者は常に合理的に考えることに慣れすぎているため、体験したことのないような非合理な現象に遭遇すると、逆に簡単に騙されてしまうというわけだ。

助手　非合理な現象？

教授　たとえば実験室に薬品Aというラベルの容器があれば、そこには薬品Aが入っているのが合理的で、薬品Bが入っているはずがないだろう?
合理性の信頼関係に基づいて成立するのが科学。その信頼関係を根底から覆して、平気で中身を入れ替えるのが「魔術」の手法だ。そして科学者はいったん「魔術」にかかると、一般人以上に信じ込んでしまう。
助手　そういえば先日、徹夜明けでボンヤリして卵焼きを作ったら、いつもと違う変な味だったんです。卵が変なのか、自分の味覚がおかしいのかと思っていたら、砂糖と塩を間違えていて……。あまりに非合理な勘違いだと、却《かえ》って気が付かないものですね。
教授　もし「STAP細胞」というラベルのチューブに「ES細胞」が入っていたら、それは「魔術」だとしか考えられない。
助手　だから笹井氏は小保方氏が「研究者に向いていない」(『週刊新潮』二〇一六年二月四日号)とこぼしたんだわ。
教授　遅きに過ぎたがね。
助手　もし誰かが砂糖と塩の容器の中身を入れ替えたら、それは「悪意」。どんな料理も人生も台無しですね。

解説――STAP騒動の意味！

本章のエピソードで中心になる主題は、二〇一四年七月にSTAP論文が『ネイチャー』誌から撤回された後、続いて生じた「STAP騒動」と呼べるような一連の社会現象である。

二〇一四年八月五日、笹井芳樹氏が理研の発生・再生科学総合研究センター内で自殺した。STAP事件の渦中にあった当時の笹井氏について、後にインタビューされた夫人は、次のように答えている。「〟これはもう無理だ〟って。論文を撤回するしかないと言っていました。あれだけの物的証拠を前にして、小保方さん、そしてSTAP現象自体に対する信頼が失われてしまったんです。彼女は科学者としての基礎的な教育を受けてこなかった。それは否定できないことだと思うんです。データの取り扱いとかプロセスの管理とか、〟彼女はあまりにも問題がありすぎる〟って、主人の失望は深かった」（『女性セブン』二〇一六年二月十八日号）

夫人は、笹井氏の「真意」が、小保方氏に伝わっていないとも述べている。「主人の遺書にあった〟新しい人生を歩んで下さい〟という言葉。あれは、〟あなたには研究者の資質がないから辞めなさい〟という意味なんです。実際、主人は何度も言っていました。〟彼女は研究者には向いてない。辞めたほうがいい〃って。これが、彼女を間近で見てきた主人が最後に下した結論だったのです」（前掲誌）

二〇一四年十二月、小保方氏は理研を退職した。二〇一五年二月、理研はＳＴＡＰ事件関係者の処分を発表、センター長だった竹市雅俊氏を「譴責《けんせき》」、多能性幹細胞研究プロジェクト・リーダーだった丹羽仁史氏を「文書による厳重注意」とした。さらに小保方氏を「懲戒解雇相当」、若山氏を「出勤停止相当」としたが、すでに二人は理研を退職していたため、具体的な効力はなかった。

二〇一六年一月、小保方氏が『あの日』を出版、「私がＥＳ細胞を混入させたというストーリーに収束するように仕組まれているように感じた」という独自の「陰謀論」を展開した。若山氏の記者会見や遠藤高帆氏らの遺伝子解析発表に対して、小保方氏は「これら一連の発表は、私の上司にあたる人たちによって、周到に準備され、張り巡らされた伏線によって仕掛けられた罠だったとも受け取れた」とも述べている。

四月、小保方氏は「ＳＴＡＰ細胞作製プロトコル」を個人ホームページ（ＳＴＡＰ ＨＯＰＥ ＰＡＧＥ）で公開した。このサイトは英文で書かれているが、その最初に「私はＳＴＡＰ論文に強く責任を感じ、科学者として、自分のケアレスミスを恥ずかしく思います」という小保方氏の挨拶がある。

小保方氏は、記者会見をはじめ、これまでに何度も「自分のケアレスミス」を謝罪してきた。しかし、理研の調査委員会や早稲田大学が認定した「研究不正」に対しては、法的な弁解に終始し、いまだに正面から向き合って自省しようとする気配がまったく見られない。もし彼女が本当に「STAP論文に強く責任」を感じているならば、最初に表明しなければならないのは、その論文を世に出した責任を取って自死した笹井氏への謝罪でないだろうか。

小保方氏の師バカンティ氏は、STAP論文に疑義が指摘された当時の二〇一四年三月二十日と、理研の検証実験中間報告直後の九月三日、小保方氏と同じような手法で「プロトコル」を自分のホームページに発表したが、そこからは何の科学的成果も得られなかった。現在は、そのページも閉鎖され、ハーバード大学のバカンティ氏の研究室自体も閉鎖される予定ということである。

すでに述べたように、ハーバード大学や北京大学など、四カ国の七つの研究機関が百三十三回に及ぶ再現実験を行ったにもかかわらず、ただの一度もSTAP細胞を作製できなかったことは、『ネイチャー』誌（二〇一五年九月二十四日号）の検証論文に公表された。

その検証論文の責任筆者であり、ハーバード大学医学部教授で幹細胞移植の専門家でもあるジョージ・ダレイ氏は、『ニューヨーカー』誌（二〇一六年二月二十九日号）のインタビューに応えて、同じ大学に所属するバカンティ氏に何度か「誤り」を指摘したが、バカンティ氏は聞き入れなかったと述べている。

バカンティ氏は、「STAP細胞が正しいと確信したまま墓場に行くつもりだ」と語っているが、これは科学者というよりもSTAP信者の発言である。一般に、自分で自分を欺くような状態を「自己欺瞞」と呼ぶが、ダレイは「この種の自己欺瞞に陥らないために、科学的方法というものが発明されたんだがね」とバカンティ氏を批判している。

ジョージ・ダレイとともに実験結果をまとめた共著者の一人ルドルフ・イェーニッシュは、より具体的に、次のように述べている。「小保方が若山にいろいろと混ざった細胞を渡したことは明らかだ。若山は小保方のことを信じてそれを注入した。そして美しいキメラができた。まさしくそれは、ES細胞を注入したときに生じることだ」（前掲誌）

一方、小保方氏からSTAP事件の「黒幕」扱いにされた若山氏は、「私は、小保方さんの研究を一生懸命に手伝ってきたつもりです。その挙げ句、こんなひどい目に遭うなんて思ってもいませんでした」（『週刊新潮』二〇一五年二月二十六日号）と述べて以来、当事件に関しては「一切関わりを持たないようにしています」と「ノーコメント」を貫いている。

若山氏は、世界で初めてクローン・マウスを成功させた実績で知られるが、二〇一四年七月には、国際宇宙ステーションで長期間保管したマウスの精子と地上のマウスの卵子を人工授精して、生殖能力のあるマウスを誕生させることに成功した。国際宇宙ステーションの放射線量は地上の約百五十倍に達するため、宇宙で哺乳類精子を保存する可能性を進展させた科学的成果とみなされている。

二〇一六年四月には、マウスの尿に含まれる組織からクローン・マウスの作製に成功した。この方法が確立されれば、哺乳類の個体に傷を付けずに尿からクローンを作製できるため、「絶滅危惧種の救済」などに役立つ可能性もあるという。若山氏は、「信頼回復のためにも、研究成果を出し続けるしかないです」（『週刊新潮』二〇一六年四月十四日号）と述べている。

要するに、若山氏は科学界に受け入れられれば一般社会に背を向けてもよい、逆に小保方氏は一般社会に受け入れられれば科学界に背を向けてもよいという「生き方」を選択したように映る。もちろん彼らの「生き方」は個人の自由だろうが、彼らはどちらも「研究不正事件としてのＳＴＡＰ騒動」に正面から立ち向かわず、社会に対して真摯な説明責任を果たしているとは思えない。フォックス姉妹はトリックの告白までに四十年かかったが、たとえ時間がかかるとしても、いずれは二人にＳＴＡＰ事件の真相を告白してほしいものである。

追記――ＳＴＡＰ騒動の余波

先日、ある学会の懇親会で、「小保方さんはスケープゴートにされたんだよ」と、ビールの入ったコップを振り回しながら力説する文学者を見かけた。彼によれば、そもそも理化学研究所の一研究員にすぎない若い女性が、あれほど多くの専門研究者を騙すことができたはずはなく、彼女はすべての罪を背負わされた「犠牲者」に違いないというのである。

すでに触れたように、小保方氏の『あの日』は、「私がＥＳ細胞を混入させたというストーリーに収束するように仕組まれているように感じた。実際に、これら一連の発表は、私の上司にあたる人たちによって、周到に準備され、張り巡らされた伏線によって仕掛けられた罠だったとも受け取れた」という独自の「陰謀説」を展開している。ビールに酔った文学者は、まるで洗脳されたかのように、彼女の「陰謀説」を信じきっていた。

小保方氏によれば、その「陰謀」の黒幕は若山照彦氏である。『あの日』には、「若山先生は私の名前が書かれたサンプルボックスを開け、中味の一部を私には相談なく抜き取り山梨大に持ち出していたようだ」と、若山氏が彼女の所有物を盗み出す瞬間を見ていたかのような記述まである（これらの『あの日』に提起されている疑問点については、若山氏にハッキりと弁明してほしいものだが……）。

さらに、「私に何の確認もないまま、保存されていたサンプルを中途半端に解析され、一方的に結果を決めつけられ、間違った情報をマスコミに流される。ただただ恐怖だった」とか、「私は混入犯に仕立て上げられ、社会の大旋風の渦に巻き込まれていった」などと、何度も同じような「被害者感情」を繰り返し強調することによって、『あの日』の文章は「罠に嵌められて、恐怖に怯える弱い女性」の印象を読者の脳裏に焼き付ける。

日常生活で科学研究からほど遠い世界に生きていて、理化学研究所や早稲田大学の調査報告書など読むこともない一般読者が『あの日』を読めば、小保方氏に感情移入して、彼女こそが科学界とマスコミから虐められている「犠牲者」だと思い込み、彼女の熱烈な味方になるのも無理のないことかもしれない。

ネットを見渡しても、ＳＴＡＰ事件発生当時は小保方氏の研究不正を追及し批判する意見が大多数だったが、今では小保方氏を擁護し応援する意見の方が目立つように映る。二〇一五年十二月にはテキサス大学、二〇一六年三月にはハイデルベルク大学の研究者が発表した論文から「ＳＴＡＰ現象を確認」というデマがネットに飛び交ったが、これらは特定の筋細胞やがん細胞を対象とする論文であり、小保方氏のプロトコルに起因する「ＳＴＡＰ細胞」

が「確認」されたわけではない。

科学者からすれば、実験目的も方法も結果も異なる趣旨の論文だから、あえて誰もコメントしないが、それをいいことに「STAP細胞は存在した」とか「小保方氏は天才科学者だった」などと都合よく解釈するデマは、まさにUFOや幽霊の目撃証言と類似した「オカルト」の特徴といえる。

今後も細胞生物学界では、体細胞に多彩な刺激を与えた際の初期化や多能性に関する研究が続くだろうが、その種の論文が発表されるたびに「STAP現象を確認」という情報操作が行われるのかと思うと、先が思いやられる。

いずれにしても、それらの研究成果と、小保方氏が「世界三大不正」の一つとまで数えられる盗用・改竄・捏造の研究不正を行った事実の間には、何の関係もない。彼女が科学を冒涜したこと、いまだにそれを認識していない（もちろん反省もしていない）ことに、何ら変わりはない。

なぜ『あの日』のように一方的なイメージを与える本（「トンデモ本」と呼ぶ人もいる）を、講談社のような大手出版社が刊行したのだろうか。この点については、「講談社の見識を疑う」という批判的見解も見かける。講談社には、非常に優秀な科学啓蒙書の出版で知られる「ブルーバックス」編集部があるが、ある生物学者は、小保方氏の本を出した出版社から自分の本は出したくないと、頼まれていた仕事を断ったという噂話も聞いた。もちろん、講談社ほどの巨大組織になれば、各部門が独立して業務を行っているだろうから、必ずしも他部門の書籍について相互に関知していないのかもしれない。それでも、「小保方さんの本は、講談社からは出してほしくなかった」という関係者の声は、何度も耳にしている。

科学編集者の詫摩《たくま》雅子氏は、小保方氏に執筆を依頼した講談社の担当編集者のことを、次のように批判している。「編集者には著者を守る責任がある。著者をさらし者にするような本を出して良いはずがない。『あの日』では編集者がきちんと仕事をしているとは思えない。『てにをは』レベルや『頭痛が痛い』レベルの不備が散見するが、それはこの際どうでも良い。実験手順の箇所だけに見られる不自然に受け身形の多い文章は、日本語としてどうかとも思うが、まあ許容しよう。生命科学の知識があれば気づくはずの明らかな誤字も、今回は脇に置く。だが、公開されている報告書の内容との矛盾がある。この本の中での書き手の主張に矛盾が生じているところもある。本人自身やその代理人の三木弁護士の言葉として報じられていることとの矛盾がある。さらには、小保方氏本人がどこまで自覚しているか不明だが、まさに『全方位を敵に回している』。こうしたものを担当編集者はなぜ、そのまま本に

するのか」(「STAP騒動『あの日』担当編集者に物申す」『YAHOO!ニュース』二〇一六年二月二十七日付)

一方、小保方氏は、担当編集者のことを次のように絶賛している。「執筆中は、ゴルゴダの丘を登るような気持でした。イエス・キリストが十字架を背負って丘を登っていく途中、聖女ヴェロニカが顔の血と汗をぬぐうための布をキリストに差し出したそうです。担当編集者は私にとってヴェロニカのような存在で……心の中でヴェロニカさんと呼んでいました。(笑)」(瀬戸内寂聴×小保方晴子「小保方さん、あなたは必ず甦ります」『婦人公論』二〇一六年六月十四日号)

なんと驚いたことに、小保方氏は、自分を「イエス・キリスト」に譬え、担当編集者を「聖女ヴェロニカ」に譬え、キリスト復活を連想させる「あなたは必ず甦ります」と名付けられた題名の対談に登場しているわけである!

ネットには、小保方氏が「小保方信者」を集めて「STAP真理教」を開祖するのではないかというジョークがあったが、もはや笑えない究極の「お花畑現象」が日本の現代社会で進行しているのではないだろうか。

第四章――課題

1. 自分でも間違っているとわかっていながら、自分自身を偽った経験はあるだろうか。あれば、その経験を思い出して、なぜ自分がそのような「自己欺瞞」に陥ったのかを分析しなさい。［ヒント――自己欺瞞にどのようなメリットとデメリットがあったかを考える。］

2. 「STAP騒動」に関連して、現代社会における倫理観の欠如と、それに対してどのような対策が考えられるかを述べなさい。［ヒント――自分がどのような世界観を持ち、どのような価値観に基づき、どのような倫理観で行動しているかを考える。］

3. 日本にもアメリカと同じような捜査権限を持つ「研究公正局」を組織化することについてどう思うか述べなさい。［ヒント――アメリカ合衆国の「公衆衛生局」および「研究公正局」のサイトを参照。］

第五章 なぜ嘘をつくのか

マーガレット・フォックスの恋

助手　先生、ボストンから資料が届いていますよ。

教授　興味深いものばかりだ。これは『ニューヨーク・ワールド』紙一八八八年十月二十一日号のコピーで、ここに「スピリチュアリズムの暴露」という記事がある。副題は「マーガレット・フォックスが欺瞞を告白」！

助手　スピリチュアリズムを創始したフォックス姉妹のお姉さんの方ですね。

教授　改めて原文を見ると、かなり強い口調でスピリチュアリズムを批判していることがわかるよ。

「私は、今ここに不幸な『スピリチュアリズム』の真実を告白すべきと考えます。すでにスピリチュアリズムは全世界に広がり、真相を明らかにしない限り、その悪の力はもっと強大になるでしょう。スピリチュアリズムを始めたのは私ですから、私には真相を暴露する権利があるはずです」……。

その次の段落、君が訳して要約してごらん。

助手　授業中に急に指名されたみたい……。

えーと、「この恐るべき欺瞞が始まったのは、私も妹もとても幼い頃で、私たちは大変なイタズラ好きでした。母が臆病な人だったので、ビックリさせてやろうと、いろいろな方法を相談して考えました」！　二人ともイケナイ娘だわ！

教授　以前にも触れたが、フォックス一家がニューヨーク郊外のハイズビルという村に引っ越してきたのが一八四七年。当時、マーガレットは十四歳、妹のケイトは十一歳だった。三十三歳の長女レアは、すでに結婚してニューヨーク近郊に住んでいた。

助手「最初のイタズラは、夜ベッドに入ると、リンゴに紐をつけて脇に垂らし、上下に動かすものでした。リンゴは床に当たって奇妙な音を立て、聞き耳を立てている母が怯《おび》えました。その後、私たちの家の『闇に響く不気味な音』は有名になり、夜になると村人が家に集まりました。皆がいろいろと調べ始めたので、リンゴのトリックは使えなくなり、ベッドの枠を叩く方法に変え、そのうちに私たちは、足の指の関節を鳴らす特技を身につけました」

教授　トリックの黒幕は、長女のレアだったはずだ。

助手　そのことも告白しています。「ごく初期の段階から、すべてを取り仕切っていたのはレアでした。彼女が見物客を集めて『死者との交霊会』を開きました。暗闇で『霊』が質問にイエスなら一回、ノーなら二回の音で応えましたが、実際には、レアの合図に従って、私たちが足の指の関節を鳴らして音を立てたのです」

「一晩の交霊会で百五十ドルの『大金』を手にした」とも書いてありますよ。これで味をしめて、後戻りできなくなったんですね……。

教授　周囲の大人は、あどけない少女二人が、まさかトリックを使っているとは思わなかったからね。フォックス姉妹は一躍有名になり、上流社会のパーティにも招かれるようになった。

一八五二年、十九歳になったマーガレットは、エリシャ・ケインと出会った。ケインは当時三十一歳の医師で、探検家でもあった。フィラデルフィアの名家で判事の息子として生まれ、ペンシルベニア大学医学部卒業後、合衆国海軍に入隊、アフリカ艦隊の船に乗って世界各地を回った。フィリピンのタール火山を調査中には、火口に落ちて死にかけた。その後も何度も死に直面しながら危機を脱出している。一八四六年にメキシコ戦争が始まると海兵隊に入隊、敵の槍で負傷しながら、将軍の息子を救出した。

助手　すごい！

教授　ケインは、まさに国民的ヒーローの有名人だった。一八五〇年、行方不明になった北極探検隊を救出するために遠征航海隊が編成された。ケインは上級医務官として参加し、探検隊の最初のキャンプの痕跡を発見するという手柄を挙げて、極寒の北極諸島から帰国したばかりだった。

助手　カッコいい！

教授　ケインに出会った瞬間、マーガレットは恋に落ちたんだが……。

エリシャ・ケインの愛

助手　マーガレット・フォックスの恋は実ったのか、早く教えてください！

教授　一八五二年の晩秋、マーガレットは母親と一緒にフィラデルフィアのウエブ・ユニオン・ホテルに滞在していた。そこに颯爽《さっそう》と現れたのが、北極遠征から戻ったばかりの国民的ヒーロー、エリシャ・ケインだ。

彼が初対面の母親と会話を交わしていると、フランス語のテキストを読んでいた十九歳のマーガレットが、ふと顔を上げた。その「美しい顔」を見た瞬間、ケインは「将来、自分の妻になる女性だと確信した」ということになっている。

助手「ということになっている」って？

教授　そのように『ケイン博士の愛の人生』という本に書いてあるということだ。

助手　そんな題名の本があるんですか！

教授　副題は「エリシャ・ケインとマーガレット・フォックスの書簡・馴《な》れ初《そ》めと婚約と秘密結婚の歴史」……。

助手　二人の間に、何があったのかしら。

教授　結果的に二人が深く愛し合うようになったことは、残された書簡からも明らかだ。しかし、ケインの家族から猛反対されたこともあって、公式の結婚には至らなかったがね。

ケインは、探検家で医師であると同時に、有能な科学者でもあった。だから、マーガレットと妹のケイトが、交霊会で長姉レアの合図に従って足の指の関節を鳴らしていることを、すぐに見破った。

正義感の強いケインは、マーガレットを問い詰めたが、彼女は彼を「プリーチャー（説教師）」とからかって、うまくはぐらかしていた。

助手　はぐらかすのは、若い女性の特技ですからね。

教授　ところが、実はマーガレットは、内心でケインに惹かれれば惹かれるほど、自分が少女の頃から続けている「降霊詐欺」を恥じるようになり、深刻に悩み始めていたんだ。

もし本当に「死者の霊」と交信できたら、これまで彼女がやってきたことは、全面的な虚構ではなくなる。そこで彼女は「真の霊媒師」になろうとして、スピリチュアリズムの本を読み漁《あさ》り、他の霊媒師の方法も研究し尽くした。

この頃の行動について、後に彼女は、次のように告白している。「私は、人間として考えられる限り、霊魂を追い求めました。何かのヒントを得るために、死者にも会いに行きました。でも、何も、何も、何も起こりませんでした！　夜中に墓地に行って、たった一人で墓石に座って、その真下にいる死者の霊が私に憑依《ひょうい》するのを待ちました。何かの兆候だけでも欲しかったのです。でも、まったく何も起こりませんでした。何も！」

助手　泣けてきますね。

教授　一八五三年二月、ケインは、北極周辺の水路について、ボストンのアメリカ地理学会で講演した。彼はマーガレットに、「講演は大成功だったよ。でも僕は『人間性』のために講演するのであって、『金』のために演じているわけではないからね」と、皮肉を込めた手紙を送っている。

助手　ケインさん、クールだわ……。

教授　それぞれの分野で有名人だった二人は、お互いの時間を工面しては、人目を避けて密会し、郊外にドライブに出掛けた。そして、マーガレットは、ついに過去からの苦悩のすべてをケインに打ち明けた。

助手　愛の力は偉大ですね。

教授　諸悪の根源は、長姉レアにあった。レアは「交霊会」は人助けの善行だと家族を説き伏せ、全員に協力を強いていた。誰も彼女に逆らえなかった。金儲けを優先し、妹たちを学校にさえ満足に通わせなかった。

　ケインは、マーガレットをレアから引き離し、「降霊詐欺」に加担させないように尽力した。向学心旺盛なマーガレットに女学校進学を勧め、その授業料は自分が出すと言った。ケインは、彼女を自分の妻に相応《ふさわ》しい女性に育てようとしたんだ。

助手　「あしながおじさん」みたい。そんな男性、私の前にも現れないかなあ……。

マーガレット・フォックスの結婚

教授　エリシャ・ケインがマーガレット・フォックスに送った手紙を読むと、彼がどんなに彼女を愛していたかが、よくわかる。彼が何よりも心配していたのは、彼女が足の指の関節を鳴らす「ラップ」で、再び降霊詐欺を働くことだった。
「マギー、君のことを昼間ずっと思って、夜も夢に見て、明るい朝日が射してきた今も、考え続けている。愛するマギー、元気を出して、すべてうまくいくはずだから。……僕を助けると思って、二度とラップしないでほしい。二度と！」
「君の友人は全員、君の呪われたラップ現象にしか興味を持っていない。君は、騙されている人間と話を合わせるだけで、すでに詐欺に加担していることになる。その欺瞞を警告する僕だけが、君の本当の友人だ。君の行動は、子どもだったらイタズラで済まされるが、大人になるとそうはいかないんだよ」
助手　早く結婚して守ってあげられなかったのかしら……。
教授　ヴィクトリア朝の影響下にあった当時のアメリカ東部の上流社会では、そう簡単には結婚できない。ケイン家の一族は、家柄が良く、彼の社会的地位に相応しい令嬢と婚約するのが当然だと考えていたからね。

そのことを知ったマーガレットは、身を引こうとケインに別れの手紙を送った。「私は二度とあなたにお会いしません。あなたは私にとって永遠に、最高の愛と祈りを与えてくださった方だということだけ覚えていてください。辛くなるから、もう私に手紙を書かないで」

助手　ヴィクトリア朝……。

教授　手紙を見たケインは、すぐにマーガレットに会いに行ったが、彼女の母親に拒否された。周囲は「結婚する気がない若い女性の家を訪問するのは、紳士の行動としていかがなものか」とも忠告したが、ケインの耳には届かなかった。彼は、毎日のように手紙を書き、一日に二度も三度も彼女の家を訪ねたが、彼女は会おうとしなかった。

助手　二人とも、かなり頑固だったんですね。

教授　一八五五年五月、ケインは再び北極を目指して帆船アドヴァンス号で出帆した。ところが北極点を目前にして、船が氷河に閉じ込められて身動きできなくなったため、彼は船を放棄する決断を下し、隊員を連れて極寒の陸路を八十三日間歩き通して、グリーンランド西岸に帰還した。

撤退という彼の理性的な判断のおかげで犠牲者は一人だけで済み、彼は以前にもまして国民的ヒーローとして迎えられた。ケインが書いた『北極探検記』は、当時のベストセラーになった。

助手　それで、二人は？

教授　一八五六年四月、ケインは突然ニューヨークのフォックス家を訪れ、マーガレットの前で跪《ひざまず》いて、「僕だけのマギー、婚約してほしい！」と叫んだ。彼が彼女の指に嵌《は》めたのは、北極探検から持ち帰った原石から作ったリングだった。

助手　ドラマチック！

教授　ケインは、もはや周囲の目を気にしなかった。堂々とマーガレットを伴って、オペラに出掛け、パーティに出席した。

助手　幸福の絶頂ですね。

教授　たしかに絶頂だったが、その二人の幸福は数カ月しか続かなかった。ケインの身体は、二度の極地探検で酷使され、ボロボロになっていたからね。冬は、マーガレットから離れて温暖なキューバのハバナで静養することになった。

十月にニューヨークを出発する数日前、フォックス家を訪れたケインは、マーガレットの母と妹、メイドと知人を証人として、次のように宣誓した。「マギーは私の妻であり、私は彼女の夫である。永遠に、彼女は私のものであり、私は彼女のものである。このことを理解し、同意してくれるかい、マギー?」マーガレットは「イエス」と答えた。

助手　ステキ……。

教授　ケインは、五月にハバナから戻ったら、結婚を公開すると約束した。ところが、一八五七年二月十六日、彼は脳卒中のため、突然亡くなってしまった。

助手　残酷すぎるわ!

エリシャ・ケインの死

教授　エリシャ・ケインは、三十七歳の誕生日を迎えた二週間後に急逝した。彼を見舞いにハバナに行く準備をしていたマーガレット・フォックスは、その知らせを聞いた瞬間、ショックで倒れ込んだ。その後、彼女は鬱《うつ》状態に陥り、一年半近く、ほとんど家から出ることもできなかったという。

助手　もしマーガレットが本当に死後の世界と交信できるんだったら、最愛のケインの霊と、毎日でも話せるでしょうに……。

教授　現実世界は、そんなに甘いものではないからね。沈黙を守っていたマーガレットが世間を驚かせたのは、一八五八年八月十六日付『ヘラルド』紙に、彼女がローマカトリック教会の洗礼を受けたという記事が掲載されたときだった。

助手　どういうこと?

教授　ケイン家は、代々カトリック教徒の家系だから、彼は正式に結婚する前、マーガレットにも洗礼を受けてほしいと望んでいた。

元来ローマカトリック教会は聖書に基づく原理主義的傾向が強く、個々の人間の生死も完全に神の定める運命の支配下にあると考える。したがって、死後の世界と交信するスピリチュアリズムのような発想を邪教的と強く非難する。

助手　厳しいんですね。

教授　アメリカで一九七〇年代まで人工中絶が禁止されていたのは、プロライフ派のカトリック教徒が猛反対してきたからだ。その教会に入信するということは、彼女がスピリチュアリズムと完全に決別したことを意味するわけだよ。

助手　もうケインは存在しないのに……。

教授　亡くなったケインは、一八五五年の北極探検に旅立つ前に遺書を残し、彼の財産はケイン家の家族に遺すが、それとは別に五千ドルをマーガレットに贈与するように指示していた。

助手　五千ドル？

教授　通貨価値を約百倍とすると、現代の五千万円くらいのイメージかな……。もし彼と正式に結婚した後だったら、もちろん全財産を妻のマーガレットが相続したはずだがね。

助手　でも、とりあえず五千ドルあれば、彼女も十分暮らしていけるでしょうから、よかったですね。

教授　いやいや、とんでもない。彼の遺産を管理していたのはケインの弟の弁護士トーマス・ケインだから、この遺言の五千ドル贈与の部分は無効だと主張した。さらに彼はマーガレットに対して、兄ケインの書簡すべてを返還するよう求めた。

助手　それはひどいわ！

教授　ケイン家の人間にとって、マーガレットはケインの名声を汚す邪魔な存在だった。彼らは、ケインは彼女を「妹のように可愛がった」にすぎず、彼が彼女の学費を支払ったのも、無教養者を救済する「慈善事業」の一環だと主張した。

助手　でも二人は結婚していたじゃないですか！

教授　そのことを証明する書類はないし、証人も全員がフォックス家の関係者だからね。これでは有効な結婚とは認められないと、彼らは主張した。

助手　いくらなんでも、曲解しすぎでしょう！

教授　政治や法律の世界に有力な親戚の多いケイン家サイドからすれば、相手は「小娘」だからと高をくっていたんだろうがね。

この仕打ちに対して、マーガレットは、五千ドルの遺産相続を求める訴訟を起こした。このときからケインの妻として「マーガレット・フォックス・ケイン夫人」と署名し、彼の書簡は、返還するどころか、本にして出版すると返答した。

助手　それは強烈！

教授　結果的に、ケイン家はマーガレットに二千ドルを即座に支払い、残りの三千ドルについては利息分を支払い続ける約束で和解した。この利息が支払われている限り、書簡も出版しないという条件付きだった。

彼女の窮地を救ったのは、ケインの親友の弁護士だった。彼は二人の関係を知っていたので、さすがに見かねて助けたというところだ。

助手　世の中には、善人もいるんですね……。

ピアース大統領夫妻の悲劇

教授　マーガレット・フォックスは、エリシャ・ケインの遺産の利息を頼りに母親と暮らしていたが、徐々にアルコールに溺れ始めた。

助手　他の姉妹は、どうなったんですか？

教授　長姉レアは、大事な「金蔓《かねづる》」の妹二人を簡単に手放そうとはしなかったが、決別した後は自分で交霊会を開いて稼ぐようになり、銀行員と再婚した。妹ケイトは、弁護士と結婚した。

助手　レアって、まるで「お金の亡者」みたいですね。

教授　たしかに、いろいろな文献から浮かび上がるのは、非常にエゴイスティックな人物像だ。長姉レアに利用されたために、フォックス姉妹の人生は甚大な被害を被ったが、その後レアは、二人の妹がどんなに生活に貧窮しても、助けようとはしなかった。

助手　貧窮とは？

教授　ケインの死から五年が過ぎた頃、ケイン家からの利息の支払いが滞るようになった。

遺産を管理する弟の弁護士トーマス・ケインは、もはや利息を送らなくても、マーガレットに訴訟能力はないと考えたようだ。もし訴訟沙汰になれば、そこで支払いを再開すれば済むわけだからね。

助手　姑息な手……。

教授　この時点でマーガレットは三十歳、当時のアメリカの社会的慣習からすれば、誰かと再婚するのが普通だった。男性の庇護がなければ、女性が生きていくのが困難な時代だからね。マーガレットが「奥の手」にしていたケインの書簡も、自分の再婚の支障になるわけだから、表に出すはずがないと計算したんだろう。

助手　兄は勇敢で正義感が強くて愛情深かったのに、弟は全然違いますね……。

教授　トーマスは、探検家の兄とは違って、有能な法律家だった。まあ、律儀に職務を遂行しただけとも言えるがね。

ところがマーガレットは、周囲の予想を裏切って、一八六六年、『ケイン博士の愛の人生――エリシャ・ケインとマーガレット・フォックスの書簡・馴れ初めと婚約と秘密結婚の歴史』を出版したわけだ。

助手　つまり、過去のプライバシーを明かして、自分が再婚できなくなっても、ケインとの愛を証明したかったんですね！
教授　そうかもしれないし、国民的ヒーローのラブ・ストーリーだから爆発的に売れると見込んで、印税を狙ったのかもしれない。少なくともケイン家の人々は、そう言って彼女を非難した。

いずれにしても、ここで最も重要なのは、この本に掲載されたケインの書簡の数々が、フォックス姉妹の「降霊詐欺」の事実を明確に指摘している点だ。

彼は姉妹に対して、レアから離れて詐欺を止め、教育を受けて正直に生きてほしいと、何度も切実に勧めている。

「絶対にスピリチュアリストに近づくな！　君が暗い部屋に座って、彼らの手を握ると思うだけで吐き気がする。僕が手を握るのも、唇に触れるのも、思いを共有するのも、君だけだ。君に隠し事はしない。君も同じことを僕に誓ってほしい」

助手　フォックス姉妹研究の第一級資料じゃないですか！　日本では、ほとんど知られていないようですが……。

教授　一八五三年一月六日、第十四代アメリカ合衆国大統領フランクリン・ピアースの十一歳の息子が、列車の脱線事故で亡くなった。

大統領夫妻の最初の息子は出産時に亡くなり、二人目の息子は発疹チフスのため四歳で亡くなった。三人目の息子まで失った大統領夫人は、我を失って、フォックス姉妹に交霊会を開いてほしいと依頼した。

助手　そこまで不運が続くとは、大統領夫妻も辛すぎますね。そこに付け込むのがスピリチュアリズムですが……。

教授　超大物の「獲物」からの依頼にレアは小躍りして喜び、絶対に承諾するようにとマーガレットに指示した。これをケインが必死で止めようとした手紙が遺っている。

「大統領夫人にラップするな！　君は絶対にしないと誓ったのに、もう二度も約束を破っている。僕を愛しているなら、今度は僕の言葉を聞いてくれ！」

助手　こんなに必死に止めているのに、まさか……。

フォックス事件の真相

教授　一八五三年三月、マーガレット・フォックスはワシントンを訪れ、第十四代アメリカ合衆国大統領フランクリン・ピアースの夫人ジェーンのために交霊会を行った。

助手　あんなにエリシャ・ケインが止めたのに……。

教授　何といっても大統領夫人からの依頼だからね。しかも夫人は、三人の息子を続けて亡くして悲嘆に暮れていたから、断りきれなかった一面もあるだろうが。

助手　でも、いくら遺族を慰めるためとはいえ、「死者の霊と交信」と言いながら、足の指で音を鳴らして相手を騙すなんて、どう考えても詐欺じゃないですか！

教授　だからこそ、ケインもこれまで以上にマーガレットを激しく「叱責」した。そして彼女も、これを最後に「降霊詐欺」をやめることを決心したわけだ。

助手　ケインが結婚して側《そば》にいてくれたら、彼女も幸福になれたのに、彼が三十七歳の若さで亡くなるなんて、本当に不運でしたね。

教授　それでもマーガレットはケインとの約束を守り、その後三十五年以上にわたって「降霊詐欺」には手を出さなかったようだ。

それどころか、彼女は過去の自分の不正行為を告白して、それが『ニューヨーク・ワールド』紙一八八八年十月二十一日号の「スピリチュアリズムの暴露――マーガレット・フォックスが欺瞞を告白」という記事になったのも、以前見せたとおりだ。

この日、マーガレットと妹のケイトは、ニューヨーク音楽アカデミーで二千人の聴衆を目の前にして、実際に靴を脱いで「ラップ」音を響かせてみせた。会場にいた二人の医師がステージに上がり、たしかに彼女たちが足の指の第一関節から音を出していると証言した。会場は「爆笑の渦に巻き込まれた」という。

助手　どうしてそこまで惨めな姿を晒したのかしら。

教授　大きな理由は、やはり多くの人々を騙してきたことに対する「懺悔《さんげ》」だろう。といってもケインが必死に更生させたから、マーガレットが表立って交霊会に出席したのは、十四歳から二十歳までの六年程度にすぎなかったわけだがね。

ケインの死後、彼女は自発的にローマカトリック教会の洗礼を受けて熱心な信者になったから、キリスト教の「神」に救われたいという思いもあっただろう。

さらに現実的な理由として、彼女は切実に生活費を稼ぐ必要があった。

助手　そんなに困っていたんですか……。

教授　ケイトも夫に先立たれて以来、アルコールに溺れて遺産を使い果たし、生活に困っていた。フォックス姉妹の「告白」と「実演」に対する報酬は千五百ドル程度だったようだが、二人は自分たちを「晒し者」にしてでも、現金を手に入れる必要があった。

二人は、ルーベン・ダベンポート著『デス・ブロウ・トゥ・スピリチュアリズム――フォックス姉妹によって暴露された真実の物語』という本に全面的に協力して、スピリチュアリズムを徹底的に批判した。

助手　「デス・ブロウ」とは、すごいタイトルの本ですね。まさにスピリチュアリズムに「死の一撃」を与えた第一級資料でしょうが、こちらも日本ではほとんど知られていませんね。

教授　日本でも世界でも、スピリチュアリストが一番見たくない暴露本かもしれない。こういう本こそ、公平に書店のスピリチュアリストのコーナーに置いてほしいものだがね。この本の中で、マーガレットは、次のように宣言している。

「皆様ご存知のように、私はスピリチュアリズムの詐欺に最初から深く加担してきました。私が人生で最も後悔しているのは、私が人々を欺いてきたことが真実であり、その真実を告白することが遅すぎたことです。今ここに私は真実を申し述べますから、神様、どうか私をお許しください。その創始者の一人として、スピリチュアリズムは最初から最後まで完全な虚偽であり、何よりも浅薄な迷信であり、この世で最も邪悪な神への冒涜であることを誓って申し上げます！」

助手　そこまで激しく批判していたとは……。

フォックス姉妹の末路

教授　これは『ニューヨーク・タイムズ』紙一八九三年三月五日号のコピーだ。日曜版だから最後のページが消息欄になっている。その下段の「マーガレット・フォックス・ケインの貧困」という記事を見てごらん。

助手　なになに、「フォックス姉妹の一人であるマーガレット・フォックス・ケインは、貧困のため、長く暮らしていた西五十七丁目四五六番地の一室から退去することになった。彼女は重病のため衰弱しているが、火曜日には部屋が没収されるだろう」ですって……。

教授　すでに話したように、その五年前、マーガレットは、過去の自分の不正行為を新聞や書籍に告白し、さらに公衆の面前で、足の関節で「ラップ」音を実演してみせた。しかし、そこまで自分を「晒し者」にして入手した現金も、一年足らずの間に浪費してしまった。

　生活費が不足するようになり、恥も外聞もなくなった彼女は、「実は自分が言ったことは嘘だった」と告白を撤回して、再び「降霊詐欺」を行おうとしたが、もはや客は集まらなかった。家賃も払えなくなって滞納した結果、ついに家主から訴えられて、追い出される日が迫ったわけだよ。

助手　この記事には、「ケイン夫人を特別療養所へ入所させるため、寄付が募られている」と書いてありますよ。そこまで落ちぶれてしまったなんて……。

教授　追い出された日の翌日、マーガレットは路上で行き倒れ、そのまま息を引き取った。六十歳だった。

　彼女と同じようにアルコール依存症だった妹のケイトも、その前年、貧窮のため五十五歳で亡くなっている。ケイトは「スピリチュアリズムは、これまで世界に存在した中でも最大の呪いの一つです」と述べているが、まさに呪われたかのように、スピリチュアリズムを創始したフォックス姉妹は、揃ってホームレス状態で悲惨な死を遂げた。

助手　二人をそそのかした長姉レアは？

教授　レアは、二人とは絶縁状態だった。マーガレットとケイトは「降霊詐欺」を社会に告白した時点で、初期段階からレアが黒幕だという内情も暴露したからね。レアからすれば、二人の方が「裏切り者」だということになる。

　レアは、姉妹を操る交霊会で味を占めて以来、自分も霊媒師となって金を儲けたうえ、銀行家だった夫の遺産も受け継いで裕福だったが、妹たちには何一つ遺さないまま、一八九〇年に七十六歳で亡くなっていた。

助手　フォックス姉妹のことをネットで検索すると、いまだに「本物の霊能者」とか「スピリチュアリズム界のスーパースター」と称える記述が多くてビックリします。二人は、すべてが不正行為だったと何度も告白しているのに……。

教授　当時から現在に至るまで、スピリチュアリズムの信奉者は、「心霊現象」を否定する事実を直視しようとはしないからね。場合によっては、「事実」を捏造することさえある。

そもそもレアは、姉妹を売り出すためにストーリーを創り上げていた。それは、フォックス家が引っ越してくる前、屋敷に住んでいた男が行商人から金銭を奪って殺して地下室に埋め、その被害者の「霊魂」が彷徨《さまよ》って、姉妹と交信を始めたというものだ。

すると、この話に口裏を合わせるかのように、『ボストン・ジャーナル』紙一九〇四年十一月二十三日号に、旧フォックス家の地下室で遊んでいた子どもたちが、「人間の遺体の白骨を発見」という記事が出た。

助手　まさか！

教授　その翌日の『ニューヨーク・タイムズ』紙には、「フォックス姉妹の家から発見された頭蓋骨のない骨」と真相を暴露した記事が出ている。実は、誰かが動物の骨を集めて人骨に見せかけて配置したが、さすがに頭蓋骨までは準備できなかったというわけだ。

助手　人は、信じたいことを信じるために、捏造までしてしまうんですね！

解説——フォックス事件と旧石器発掘捏造事件

本章のエピソードで中心になる主題は、スピリチュアリズムの創始者フォックス姉妹の「欺瞞」と告白、さらにその黒幕レアの創作した「行商人」の話に合わせて、動物の骨を人骨に見せかけて捏造する人物まで現れたという事件の背景である。

スピリチュアリストの間では、今でもフォックス姉妹は「スピリチュアリズムの創始者」として祭り上げられているが、実際には二人とも「ラップ」の嘘を告白し、その後も金銭のために再び嘘を重ねて、結果的にはスピリチュアリズムの批判派からも擁護派からも相手にされなくなって、ホームレス状態で悲惨な生涯を終えている。

とくに、姉のマーガレットを更生させようとした「北極探検の英雄」ケインの愛と悲劇については、ほとんど日本で知られていない状態だったので、あえて一次資料から訳出して紹介した次第である。

第四章でも触れたように、この種の「欺瞞」を不正者が自ら告白することは稀だが、言い逃れのできない状況に追い込まれた場合に限っては、「欺瞞の告白」が生じる。おそらく日本で最もよく知られているのは、「旧石器発掘捏造事件」だろう。

二〇〇〇年十一月五日、旧石器時代の遺跡発掘では「第一人者」と呼ばれる藤村新一氏が、宮城県庁で記者会見を開いた。彼が「石器を埋めるところをビデオ撮影した」という毎日新聞のスクープ報道を受けて、藤村氏が自作自演で発掘を「捏造」していた事実を認め、「何とお詫びしていいのかわからない」と謝罪するための記者会見だった。

藤村氏は、高校卒業後、会社勤務の傍らで考古学を独学し、二十年以上にわたって日本各地の遺跡発掘調査に関わってきた。とくに才能を発揮したのは旧石器時代の調査で、地層の断面を瞬時に観察して誰も気付かない遺跡の所在を見いだす様子は、「あたかも超能力者のようだ」と評判になった。一九九二年には、自ら東北旧石器文化研究所を設立し、発掘すれば「何も出さずに帰ったことがない」と言われるほどの業績をあげ、ついには「神の手」を持つ男と呼ばれるようになった。

長年にわたって藤村氏を支えてきた東北大学の芹沢長介名誉教授は、「大学に進まず、権威も資金もない状況で次々と新発見をやりとげる、頼もしい人だと思っていた」と述べている。その藤村氏が、人目のない早朝に発掘現場を訪れ、別の場所で収集した石器を埋めて地面を踏み固める場面が、新聞社のビデオカメラに撮影されたのである。この「考古学界の根底をゆるがす」スキャンダルに対して、当時の明治大学の戸沢充則教授は、「心臓の血が凍る思いだ」と語っている。

藤村氏が調査団長を務めた宮城県築館町《つきだてちょう》の上高森遺跡発掘では、四十万〜七十万年前の地層から多くの石器が発見されたが、そのすべてが捏造によるものだった。上高森遺跡は、日本で「最古」の石器が発見された場所として高校の日本史の教科書に取り上げられていたが、この記述も修正されることになった。

宮城県の前に藤村氏が参加した北海道新十津川町の総進不動坂遺跡発掘でも、発見された石器三十点すべてが捏造だったことが判明した。この発掘結果は、従来の学説を覆して、北海道にも原人が存在していた可能性を示すものとして注目を集めていたが、その根拠もなくなった。

発覚した当初、藤村氏は、捏造はこの二遺跡だけだと断言していたが、二〇〇一年十月、日本考古学協会特別委員会の調査に対して、「七道県内の四十二遺跡で石器を埋めた」と告白した。委員会は、「藤村氏関与の前・中期旧石器時代の遺跡および遺物は、それを学術的資料として扱うことは不可能である」と結論付けた。

日本は土壌の酸性度が高いため、石器以外の人骨などの遺物は溶けてなくなる。とくに旧石器は科学的な検証が困難といわれ、結果的に、石器の「型式」と出土した「地層」から年代が割り出されてきた。

専門研究者の間では、藤村氏の発掘した石器の材質や製作技法などの「型式」が新しいことから、せいぜい数万年前の後期旧石器時代のものではないかという疑念も指摘されたが、それよりも考古学界では、石器の発見された「地層」が優先された。むしろ、藤村氏の発掘結果に合わせて考古学界の学説の方が覆され、それを批判する研究者は排斥される閉鎖的な状況だったという。

毎日新聞旧石器遺跡取材班は、次のように指摘している。「現在、学会が一致して、確実に前・中期旧石器時代のものと認める遺跡はない。日本列島に本当に原人や旧人が住んでいたのかが改めて問われている。発掘ねつ造が引き起こしたのは、研究の崩壊だけではなかった。考古学という学問に対して根本的な疑念をも引き起こした。『なぜ、二〇年以上も気づかなかったのか』。誰もが感じた問いは重く、考古学の信頼は地に落ちた」

早くから捏造の可能性を内部告発していた考古学者の竹岡俊樹氏は、「それにしても、『超能力者』を信じて、六〇万年前の超進化した原人、日本列島内での原人↓旧人↓新人への進化、と言うオカルト的説を論じた日本の旧石器時代研究はあまりに情けない」と述べている。

藤村氏の捏造に理論的根拠を与えていたのが、当時の文化庁の岡村道雄氏だったが、竹岡氏は、彼ら二人だけに「責任」を押しつける考古学界の体質にも批判を投げかけている。

「私がさらに情けないと思うのは、発覚の後の対応である。自らの行ってきた学問に対する反省はまったく行われなかった。藤村というアマチュアや、文化庁（岡村）に責任を押し付け、その上、批判する者を排除しつづけた。検証は名誉職が好きな『権威者』たちによるパフォーマンスにすぎず、生産的なことは何もおこなわれなかった」（『考古学崩壊』）

「旧石器捏造事件の真相究明と行政訴訟を支援する市民・研究者の会」を主宰する奥野正男氏は、「捏造石器を資料にして『学術論文』を書き、捏造遺跡を自著にとりあげて岡村や藤村に賛辞を送った大勢の考古学者は、いま幕が下りてホッとしているかもしれない。しかし、捏造事件の本当の検証は、これから始まる」（『神々の汚れた手』）と決意を表明している。

第五章――課題

1．マーガレット・フォックスはなぜ不正を「告白」したのだろうか。改めて彼女の立場に立って、自分の見解を述べなさい。［ヒント――もし彼女が「ラップ詐欺」を続けていれば、顧客は大統領夫人にまで広がっていたので、裕福に暮らせたはずだが……。］

2．一般に「嘘」は絶対的に許されないのだろうか。嘘をついてもかまわない場合、あるいは嘘をついた方がよいと思われる場合も含めて、嘘とは何かを分析しなさい。［ヒント――お世辞や相手を傷つけないため、相手を励ますための嘘を考える。］

3．「旧石器発掘捏造事件」を検証し、日本の考古学界は今後どのような方針を立てればよいと思うか、意見を述べなさい。［ヒント――「日本考古学協会・倫理綱領」のサイトを参照。］

第六章 なぜ因習に拘るのか

溺れる者は藁をも掴む!

助手　二〇一五年十一月二十六日、１型糖尿病と診断されている七歳の男児に対して、治療に不可欠なインスリンを「あれは毒だ」と言って注射させず、衰弱死させた「自称祈祷師」の六十歳の男が、殺人容疑で逮捕されました。この種の事件が起こるたびに、犠牲者が痛ましくて……。

教授　生活習慣の影響から成人に多く発症する「２型糖尿病」と違って、「１型糖尿病」は自己免疫性疾患などが原因で小児期に多く発症する。日本では、毎年十五歳未満の小児十万人に約二人の発症率といわれる。血糖値を調整するホルモンのインスリンが膵臓《すいぞう》から分泌されなくなる病気だから、これを注射で補わなければ、血糖値が異常に増加して意識障害や昏《こん》睡《すい》に陥り、最終的には死に至る。

助手　逮捕された男は、自ら「龍神」と名乗り、「心霊治療」で「どんな病気も治せる」と豪語していたそうです。「死神を祓《はら》う」という名目で、呪文を唱えながら手かざしを繰り返し、両親から数百万円を搾取していたということです。どうしてこんなバカげた話に騙されてしまうのか、理解できないんですが……。

教授　現在のインスリン注射器は万年筆型で、細い針を使用しているため、ほとんど痛みを感じさせないものもあるようだ。一日数回のインスリン注射さえしておけば、健常者とまったく同じように運動も生活もできる。私の友人にも1型糖尿病患者がいるが、一緒に飲みに行くと平気でワインのボトルを空けているよ。

そうはいっても、小学校低学年の児童が一日に何度も自分で注射しなければならないのは大変な負担だろうし、両親にとっても重荷であろうことは推察できる。そして、人は、苦悩が深ければ深いほど、その苦悩から解放してくれる話に、安易に飛びつきやすくなってしまうからね。

助手　両親も保護責任者遺棄致死容疑で書類送検されているようです。二人は男児が「どうして僕だけ注射を打たないといけないの」と嫌がっていたので「藁《わら》にもすがる思いで頼んだ」と話しているそうですが……。

教授　一九六〇年代のアメリカで、その男児と同じ七歳の女児が亡くなった事件がある。彼女の父親は「アメリカ自然健康法協会」の元会長で、現代医学を否定し、あらゆる病気は、断食や菜食などで「自然治癒」できると信じていた。

彼は、娘が病気になると、十八日間水だけの断食を行わせ、その後の十七日間はジュースしか与えなかった。女児は、栄養失調のため衰弱死に至った。

助手　悲惨なのは、いつでも子どもたちですね。

教授　そもそも「溺れる者は藁をも掴む」というのは、溺れたときに藁などを掴んでも助かるはずがないのに、人は非常に困窮すると、役に立たない無用なものにすがってますます困窮してしまうという、どちらかといえば他者を嘲笑する言葉だ。同情を誘うための言葉ではないんだがね。

男児の事件では、インスリン注射という「救命ボート」から男児を引きずり下ろし、わざわざ役に立たない心霊治療という「藁」を掴ませたのだから、関係者の責任は限りなく重大だ。

助手　二〇一五年九月二十四日に胆管がんのため五十四歳で逝去した女優の川島なお美氏も、抗がん剤治療を拒んで、心霊治療に頼ったことが話題になりました。彼女が通った「貴峰道」のサイトを見ると、「万病一邪。邪気を祓えば病が治る」と説き、純金製の棒で患部をこすれば「邪気（病を引き起こす気）」を取り除け、「難病」に効果があると述べています。

教授　棒で患部をこするだけでがんが消えていたら、今頃はファンも大喜びだろうが、結果的に病は治らなかった。彼女のすがった心霊療法も「藁」にすぎなかったというわけだ。

助手　何より許せないのは、溺れかけている人に幻想の「藁」を掴ませて儲ける「霊感商法」。もっと厳しく取り締まれないのかしら！

いつから人間になるのか

助手　先生、私の親友が流産してしまいました。昨年の秋に結婚式を挙げて、「ハネムーン・ベイビー」だと大喜びしていたのに……。

新婚夫婦ともにガッカリしているところに、追い打ちをかけるように、流された「水子」を「供養」しなければ「祟《たた》り」があると言ってきたオバさんがいるそうで、世の中には本当に無神経な人がいるものですね。

教授　「水子」とは、『古事記』でイザナギとイザナミの最初の子「水蛭子《ひるこ》」が海に流された故事から転じて、亡くなった胎児や新生児を指すようになった言葉だ。

最も辛い思いをしているのは当事者の女性だろうが、日本ではそこに付け込んで「水子供養」を売り物にする占い師や新興宗教が一九七〇年代から増えてきた。

助手　そもそも胎児は、どの時点から「人間」とみなされるのでしょうか？

教授　「母体保護法」では、母親の身体的あるいは経済的理由などにより、妊娠二十二週未満の胎児の人工中絶手術が認められている。つまり、二十二週未満の胎児は、法的に人間とはみなされていないことになるね。

しかし、たとえばキリスト教原理主義は、受精卵の時点ですでに神が人間の生命を与えているとみなし、人工中絶を殺人に相当する大きな罪と考える。そこで欧米では、女性の自己決定権を重視する「プロチョイス」派と、胎児の人権を重視する「プロライフ」派の二つの対極的立場が、大きな対立を続けている。

助手　受精卵から胎児になっていく過程は、どのようになっているんですか？

教授　精子が卵子と結合して「受精卵」になると、合体した細胞は、即座に細胞分裂を始める。細胞分裂を始めた受精卵は「胚」と呼ばれるが、受精後数時間で胚に「内胚葉・中胚葉・外胚葉」の三層構造が生まれ、それぞれが多種多様な器官に分化し始める。

二、三週目には、外胚葉に神経管が形成され、その底部にはニューロンのような細胞が発生して中枢神経系が形成され、上部には末梢神経系が形成される。四週目になると、この神経管の中央部に「前脳・中脳・後脳」の三つの領域が生まれ、脳の基礎が形成される。五、六週目には、脳内に電気的な活動が始まる。

助手　ということは、知覚が始まっているのかしら？

教授　いやいや、この時期の神経活動は、ニューロンが無秩序に電気信号を発するだけで、エビの神経系よりも未熟だ。この時点では、まだ人間の胚もブタの胚も区別できないくらいだからね。しかし、八週目を過ぎる頃から、人間の胚らしくなって「胎児」と呼ばれるようになる。ニューロンは急激に増加して脳内を移動し、全身で反射運動が生じる。

十二週目には、左右の脳半球が分かれ、十三週目にはそれらの脳半球をつなぐ「脳梁《のうりよう》」と呼ばれる線維の束が作られる。この頃の胎児は、一種の「反射神経の塊」となって、刺激に対して身体を動かすようになるが、まだ何かを知覚しているとはいえない。

十六週目になると、「前頭葉・側頭葉・後頭葉・頭頂葉」が形成され、大脳皮質の表面にしわが寄り始める。十七週目には、ニューロンとニューロンを結合するシナプスが形成され、これによってニューロン間の情報交換が可能になる。

助手　その時点でも、人工中絶は可能なんですね……。

教授　二十二週目には、胎児が不快な刺激に対して明確に反応するようになり、現代医療のサポートさえあれば、母体の子宮から出て、保育器の中でも正常な脳を備えた人間として生存できるようになる。そこで先進諸国では、胎児を「人間としての尊厳を備えた存在」として法律で保護すべきなのは、「二十二週」以降が妥当だとみなしている。日本の「母体保護法」も、この見解と一致しているわけだ。

助手　いずれにしても、科学的事実に基づく「生命」の議論に、「祟り」のようなオカルトが入り込む余地はないですよね。

矢作直樹氏と「見えない光」

助手　昨夜、時間をかけて話し合った結果、母が父の霊を気にしている理由がわかりました。矢作《やはぎ》直樹著『人は死なない』に、人間の肉体は滅びても霊は生き続ける、つまり「人は死なない」と書いてあって、それに影響を受けているんです！

この本の表紙には、出版当時の矢作氏の肩書が「東京大学大学院医学系研究科・医学部救急医学分野教授、医学部附属病院救急部・集中治療部部長」と大きく宣伝されていて、母は、この肩書で信用したらしくて……。

教授　矢作氏といえば、新聞記事のインタビューで、立派な意見を述べていたよ。「危険な宗教には近寄ってはいけません。見分けるのは簡単です。心身を追いつめる、金品を要求する、本人の自由意志に干渉する、他者や他の宗教をけなす、そんな宗教は危険です」（『読売新聞』二〇一三年二月十五日付）とね。この「危険な宗教」の見分け方は核心を突いていて、一般読者にも有益なのではないかな。

助手　でも、最近の矢作氏は、まさに自分が批判している「金品を要求する」スピリチュアリズムに加担しているらしいんですよ。

「告発スクープ・大ベストセラー『人は死なない』著者・東大病院矢作直樹救急部長・大学内で無断〝霊感セミナー〟」（『週刊文春』二〇一五年四月十六日号）によると、矢作氏は、都内マンションの「ヒーリングサロン」に現れては「手かざし」を行っているそうです。

「矢作氏はひとりの女性に近づき、掌《てのひら》をかざして頷《うなず》きながら目を瞑《つぶ》る。約三分続けた後、こう語りかけた。『いま見えない光を送り込みました。うん、見えない光をね』と……。

教授　「見えない光」だって？　一般に、電磁波の中で、視覚で認識できる波長を「可視光線」つまり「光」と呼び、それ以外の紫外線や赤外線のような「不可視光線」は「光」とは呼ばない。だから「見えない光」という言葉自体、矛盾しているんじゃないかな。

助手　ですよね。それで私も矢作氏の本を読んでみたら、その類の科学用語のオカルト的流用や飛躍が多くて、ビックリしたんです。

たとえば矢作氏は「人知を超えた大きな力の存在」を「摂理」と呼びながら、その存在の根拠には触れていません。それどころか「そもそも摂理や霊魂の概念は、自然科学の領域とは次元を異にする領域の概念であり、その科学的証明をする必要はないのではないでしょうか」と述べています。

この論法を認めると、自然科学と「次元を異にする」と開き直れば、どんな概念でも「科学的証明」なしで使えることになってしまいます。

評論家の立花隆氏は、矢作氏の著作について、次のように評価しています。「文章は低レベルで『この人ほんとに東大の教授なの？』と耳を疑うような非科学的な話（たとえば、百年以上前にヨーロッパで流行った霊媒がどうしたこうしたといった今では誰も信じない話）が随所に出てくる。これは東大の恥としかいいようがない本だ」（『文藝春秋』二〇一四年十

月号）
教授　それで、「金品を要求する」スピリチュアリズムとは、どういうことなの？
助手　『週刊文春』の記事によると、矢作氏が「手かざし」を行っているサロンの経営者は、一度の「ヒーリング」で三万円、さらに「不健康を避けるためには先祖供養が必要」と十万円の追加料金を徴収することもあるそうです。
　矢作氏は、その経営者と同じ部屋に居るわけですから、「患者」からすれば、東大教授がお墨付きを与えているように映るのではないでしょうか？
教授　もし現役の医師が治療と称して「手かざし」を行ったり、先祖供養に金品を要求する「霊感商法」に関わっていれば、「医師法」に抵触する可能性がある。
　そもそも矢作氏は、自分の書いた書籍が一般読者に及ぼす影響力を、どのように認識しているのかな……。

矢作直樹氏の「人は死なない」？

教授　東大教授で附属病院医師といえば、何よりも理性的な判断が求められるはずだ。なぜ矢作直樹氏は、スピリチュアリズムに傾倒するようになったのか……。

助手　矢作氏は、次のように書いています。「大学で医学を学び、臨床医として医療に従事するようになると、間近に接する人の生と死を通して生命の神秘に触れ、それまでの医学の常識では説明がつかないことを経験するようになり、様々なことを考えさせられました。そうした経験のせいもあって、私は極限の体験をした人たちの報告、臨死に関するレポート、科学者たちが残した近代スピリチュアリズム関係の文献を読むようになりました」（前掲書）

教授　たしかに、多種多様な人間の「死」と日々直面しなければならない臨床・救急医療の従事者には、我々に計り知れない心労があるのかもしれない。

とはいえ、必ずしもそこから「スピリチュアリズム」に飛躍する必然性もないわけだがね。

それで、どんな文献を参照したんだろう？

助手　驚いたことに、矢作氏は、フォックス姉妹のイタズラだった「ラップ現象」を「近代スピリチュアリズム史上初の他界との交信、すなわち人間の死後存続を証明する事例」と認めています。さらに、ウィリアム・クルックスを「イギリス科学界の重鎮」、シャルル・リシェを「ノーベル生理学・医学賞を受賞した第一級の科学者」と紹介し、彼らの心霊研究を学界で認められた既成事実であるかのように引用しています。

教授　矢作氏は、その二人の著名な科学者が、霊媒師アンナ・フェイやミナ・クランドンに騙されたことも、調査していないんじゃないか。もちろん、フォックス姉妹についても、まったく理解していないようだ。

スピリチュアリズム関係の文献には、平気で嘘を真実のように並べたものもある。しかし、彼も研究者である以上、文献を安易に受け入れてはならず、批判的文献を比較検討して信憑性を明らかにしなければならないことなど、重々承知しているはずだが……。

助手　二〇〇七年五月、矢作氏の母親が入浴中に孤独死しました。遺体は死後三日間、発見されず、矢作氏が検視に立ち会った際、「遺体の傷み方がひどく、水没した顔は皮膚が弾《はじ》けんばかりに膨れて、本人の確認ができないほど」だったそうです。

「私は、生前の母に対して親孝行らしきこともせず、また晩年の母にも十分な対応をしてやれなかったことがひどく心残りで、毎晩寝る前にそうした悔悟の念を込めて手を合わせていました」（前掲書）

この事件が矢作氏の大きな「自責の念」に繋がり、その後「交霊」によって「母と再会」したことによって、肉体は滅びても霊魂は生き続けると「確信」するようになったそうです。

教授　すでに触れたコナン・ドイルや浅野和三郎をはじめ、家族の死をきっかけにスピリチュアリズムに没頭するようになる事例は多い。

助手　だから、交通事故で突然、無残な姿になった父を看取《みと》った私の母も、矢作氏の本を読んで共感したみたいです。父の霊魂が別世界で生きていると思う方が、母も精神的に安定できるらしくて。その気持ちは、娘の私もよくわかるのですが……。

教授　もし人間の本質が「霊魂」であれば、「死」そのものが存在しなくなり、いわば「生きる世界」が変わるだけの話になる。これは、何も目新しい発想ではなく、世界各地の古代社会から散見される信仰形態の一つだからね。

助手　でも、いくら気が楽になるからといって、母には「来世」ばかりに執着してほしくないのです。

そもそも、どうして矢作氏のように立派な肩書の科学者が、霊媒師を疑うことも追及することもなく、「母と再会」したという「交霊」をナイーブに事実として受け入れ、それを根拠に「霊魂」の存在を「確信」し、さらに「人は死なない」と断言できるのでしょうか。

教授　人間は、見たいものを見て、信じたいものを信じるという顕著な一例だね。

矢作直樹氏の「手かざし」？

助手　矢作直樹氏は、二〇一一年の『人は死なない』に続けて、二〇一四年には『おかげさまで生きる』というベストセラー書籍を生み出しました。

こちらの本の表紙は、青い医療用ウエアを着た矢作氏の写真。帯には「死を心配する必要はない・救急医療の第一線で命と向き合い、たどりついた、『人はなぜ生きるのか』の答え」とあります。

教授　いかにも多くの読者を惹きつけそうなタイトルだが、なぜ「死を心配する必要はない」のかな？

助手　その理由は、「そもそも私たちの本質は肉体ではなく魂ですから、病気も加齢も本当は何も怖がる必要はないのです」ということで、一貫していますね。

さらにこの本には「肉体の死は誰にも等しくやって来ますが、死後の世界はいつも私たちの身近にある別世界であり、再会したい人とも会えます」と書いてあります。

教授　どうしてそこまで断定できるんだろう……。

助手　矢作氏が「死後の世界」を信じるのは自由でしょうが、それを既成事実であるかのように本に書くことには大きな問題があると思います。とくに本の表紙に「東京大学大学院医学系研究科・医学部救急医学分野教授、医学部附属病院救急部・集中治療部部長」と記載されている場合は……。

矢作氏の著作では、「現実」と「非現実」が区別されないまま同じ文体で語られていくため、いつの間にか読者はスピリチュアルな世界に引き込まれる仕組みになっています。

教授　まさにそれは、科学者というよりも宗教者の執筆スタイルだなあ……。

助手　たとえば「救急には毎日のように、重篤な患者さんが運ばれてきます。……大半は意識がなく、場合によっては心肺停止状態で担架に乗せられてやって来ます。交通事故、殺傷事件、自殺未遂、脳卒中、心筋梗塞」というのは、明らかに「現実世界」の話。

ところが同じ本の後半には、私たちが「競技場で動くプレーヤーのような存在」で、現実世界における苦難を「乗り越え、課題をクリアし、人生という競技を学ばなければならない」とも書いてあります。

比喩的に道徳を語るのかと読み進めていくと、「観客席には他界した方々がいて、声援を送りながら私たちを見守ってくれています」と、すでに話は「非現実世界」に飛んでいるんです。

「私たちが疲れ果て、へとへとになり、悩んでいるそんな時でも、観客席からは『負けるな』という声援が飛んでいます。そして、何らかの難しい局面を無事に乗り切った時は、『よくやった』とご先祖さまたちは拍手喝采です」（前掲書）

教授　すると、難しい局面を乗り切れなかったときには、「ご先祖さまたち」が「観客席」でブーイングするのかな。まるで、おとぎ話かマンガのような世界観だね。

助手　私が『週刊文春』のスクープ記事を読んで一番驚いたのは、「手かざし」について記者から尋ねられた矢作氏が、次のように答えていることです。

「普通の治療で治らない時にそういうものを成仏させる。誰にも憑いている守護霊団というのがあるんですが、（記者を見つめて）あなた様方のところにも、こう重なって我々には見えるわけですね。エネルギーを出す力はたぶん私が一番強い。先祖の名前くらい言ってくれれば五秒くらいでアクセスできますよ」

教授　その記事によれば、矢作氏は、他人の「守護霊」が「見える」と同時に「先祖霊」に「アクセス」でき、医学的治療で治らない患者に対して、「そういうものを成仏させる」こと、すなわち「除霊」を目的として「手かざし」を行っていることを認めているわけか。

もしかして矢作氏は、東大病院に救急で運ばれてきた末期患者にも「手かざし」しているのかな？

助手　正直言って私、スピリチュアリストが「救急部・集中治療部部長」を務める病院に救急車で運ばれるのは怖いんですが……。

『週刊文春』の取材に対して、「東大病院パブリック・リレーションセンター」は、すべての質問に対してノー・コメント、「理由を含めコメントいたしません」と回答したそうです。ちょっと、無責任すぎるんじゃないかしら？

「未来医療研究会」はオカルト研究会？

助手　矢作直樹氏が「顧問」を務めている「未来医療研究会」のサイトを見てみました。第一回研究会は、二〇一四年五月十七日・十八日、東京大学医学部教育研究棟二階のセミナー室で開催されています。

教授　未来医療といえば、文部科学省が二〇一三年に「未来医療研究人材養成拠点形成事業」を開始したね。これは「世界の最先端医療の研究・開発等をリードし、将来的にその成果を国内外に普及できる実行力を備えた人材」および「将来の超高齢社会における地域包括ケアシステムに対応できるリサーチマインドを持った優れた総合診療医等」の養成を目的とする総額二十二億五千万円の事業だ。

全国で二十五件のプロジェクトが採択され、東大も二件で選定された重要拠点だから、その関連で立ち上がった研究会なのかな？

助手　いえいえ、文科省選定プロジェクトとは、まったく関係ないみたいです。未来医療研究会のサイトには、東大医学部附属病院循環器内科助教の稲葉俊郎氏が「個人で主催」と明記してあります。とはいえ「未来医療研究」まで同じ名称なので、紛らわしい気もしますが。

教授　いずれにしても、「超高齢社会」を迎える日本にとって、「未来医療」は最優先テーマの一つだ。専門家諸氏には、大いに研究を推進してほしいものだよ。

助手　私もそう思って、過去の未来医療研究会のプログラムを調べたら、目が点になってしまって……。

第一回研究会のプログラムには、「色や自然のイメージを使った呼吸法」や「アートセラピー」や「ダンスセラピー」があって、これらは心理療法の一種かもしれません。

ところが、「神秘龍を媒介とした新しいエネルギー療法」という「神秘龍ヒーリング」、「霊気をさらに応用・発展させた」という「メディカルレイキ」、「花のエネルギーを水に転写し自然の力で活性化」させたという「心のバランスの乱れを調整するフラワーエッセンス」のような発表は、いったい何なのか……。

教授　未来医療というよりも、まるでオカルトの研究会みたいじゃないか！

助手　第二回研究会は二〇一四年七月十二日に東大医学部教育研究棟で開催。プログラムは、

「スピリチュアル・ヨーガ」「樹々・植物との対話法」「カイロプラクティック」「直傳靈氣《じきでんれいき》を現代医療に融合」「ヒプノセラピーを使った自然出産」など。

第三回研究会は二〇一四年九月十四日に東大病院中央診療棟の会議室で開催。プログラムは、「インド密教宿曜経」による「からだ占い」「スパイラルセラピー」「エジプトの神秘形状学」に基づく「ダウジングヒーリング」「運動療法とエネルギーヒーリング」など。

教授　最先端医療を議論しているはずの東大病院の会議室で、占いやヒーリングの研究会とは驚きだね……。

助手　サイトによれば、未来医療研究会は「特定の考え方やヒーリング技術や人の優劣を競う場ではなく、全員が地球で学ぶ同級生としてお互いを認め合い、研鑽《けんさん》しあい、互いに協力していく場」だということです。

研究会の「イメージ」は、孔子の「君子は和すれども同ぜず。小人は同ずれども和せず」。「特定の考えの押し付けをせず、『みんな違って全部いい』という自由な立場を何よりも大切」にしているそうです。

教授　現代医学に固執せず、代替医療でもスピリチュアリズムでも、良い点は何でも取り入れようという趣旨だろう。いわば「清濁併せ呑む」度量の広い研究会だと自賛したいんだろうが、実はその種の発想は、学問を重視した孔子が最も強く非難したものなんだよ。孔子の「君子は和すれども同ぜず」の本来の意味は、「人と協調することは大事だが、学問の道理に合わないことに同調してはならない」ということ！

助手　「みんな違って全部いい」なんてライフスタイルやファッションみたい。人命を預かる医師の研究会として不見識すぎませんか。

スピリチュアリズムの危険性

助手　おかげさまで、母も元気になりました。今朝は久しぶりにスッキリした笑顔で、来月は友人と一緒に海外旅行に出掛けるとかで、準備で大騒ぎしていて、これまでずっと心配していた私がバカみたいでした。

教授　それはよかったじゃないか。「霊魂」や「来世」のような話ばかりに囚《とら》われていると、何よりも現実世界の健康に良くないからね。

助手　霊魂が存在するとしても、医学的に受精卵のどの段階から物理的な人間の中に入り込むのか不明なことや、「霊感商法」の危険性など、先生から伺ったことを母と話し合ってみたんです。

教授　ほほう。それで、どうなったのかな？

助手　ハッキリと結論らしい結論に至ったわけではないのですが、少なくとも「霊魂や来世が存在すると絶対的に言い切る」のが怪しいという点だけは、納得できました。

そもそも近代スピリチュアリズムがフォックス姉妹のイタズラから始まったこと、あの理性的な名探偵シャーロック・ホームズを生んだ作家コナン・ドイルや、ウィリアム・クルックスとシャルル・リシェのような一流の科学者でさえ、霊媒師やトリック写真に騙された顛《てん》末《まつ》から、悪徳スピリチュアリズムに騙される危険性についても、十分認識できたと思います。

教授　矢作直樹氏の著作から影響を受けているという話は、どうなったの？

助手　決め手になったのは、「スペシャル対談・矢作直樹東大病院救急部・集中治療部部長×江原啓之『死後の世界』は絶対に存在する」（『週刊現代』二〇一四年九月二十日号）という記事でした。

これを母に読ませたら、まるで目が覚めたみたいに、あっさりと父の霊の話をしなくなりました。

教授　なんだって？　「『死後の世界』は絶対に存在する」という記事を読んだら、「死後の世界」を信じなくなったということ？

助手　うふふふ、そうなんですよ。この記事の中で矢作氏は、次のように発言しています。「霊媒の力がある友人を通して、私は母の霊魂と会話をしました。……私が気になっていた、なぜ死ぬ前に結婚指輪を外していたかという理由も、話してくれました。結婚指輪のことは、私以外誰も知らないことです。一般常識では信じられないでしょうが、私は自分が死んだ母と会話をしているという確信を持つにいたりました」

この発言だけを読むと、まるで霊媒師が「私以外誰も知らない」結婚指輪のことを指摘したみたいですよね。

ところが、その三年前の二〇一一年に矢作氏が著した『人は死なない』では、「霊媒の力がある友人」に矢作氏から質問しているんです。「もう一つ疑問に思っていたことを訊ねてみました。『亡くなったときに結婚指輪を外していたけれど、いつ外したの?』」

つまり矢作氏は、自分から結婚指輪の情報を霊媒師に与えているわけですから、これでは本当の「霊媒の力」も疑問だし、交霊そのものさえ怪しくなってしまいます。このことに気付いた瞬間、私の母は、矢作氏に対する信頼感が一挙に吹き飛んだそうです。

教授　自分で疑問点を発見し、推論し、結論を導いたとは、すばらしい!

助手　ついでに私が気になったのは、矢作氏が、対談で「私は江原さんに感謝しているんです。江原さんがテレビなどで根気強く説いてくださったおかげで、一定数の日本人には霊的な存在を受け入れる『土台』ができた」と述べている点です。

「霊的な存在を受け入れる『土台』」には、カルト宗教や霊感商法の蔓延を助長する大きな危険性もあるのではないでしょうか？

教授　地下鉄サリン事件から二十年、オウム関連の事件でさえ風化し始めている。スピリチュアリズムが社会に何をもたらすのか、改めて我々一人ひとり、よく考えてみる必要があるだろうね。

「胎内記憶」と未来医療研究会

助手　先生、私の親友が流産したことは、お話ししましたよね。新婚なのにガッカリしていたって……。昨日、その彼女と同窓会で会ったら、「私は赤ちゃんに選ばれなかった」などと変なことを言い出したんですよ。

教授　選ばれなかった？

助手　『かみさまとのやくそく――胎内記憶を語る子どもたち』という映画を観たらしいんですが、そのテーマが「赤ちゃんはママを選ぶ」だったそうです。

教授　「生まれ変わり」は、スピリチュアリズムが発生して以来、手を替え品を替えて登場するオカルトだが、最近は、そんな映画まで制作されていたのか……。

助手　二〇〇八年に『胎内記憶』という本を発行し、その映画に登場するのが、池川クリニック院長の池川明氏。彼は、自分のホームページで次のように述べています。

「雲の上では、子ども同士で『あのお母さんがかわいい』『あのお母さんがきれいだ』などと話しながら、自分たちのお母さんを世界中の国から選んでいるらしいのです。中でも一番多い決定基準が『やさしそうだから』というのです」

教授　「かわいい・きれい・やさしそう」というのは、「子ども」というよりも、日本の大人の男性が求める典型的な「女性的役割」だろう。アメリカやヨーロッパでは、知的でバイタリティに溢れて効率的に仕事をこなす女性の方が「お母さん」のイメージだと思うよ。

しかも「世界中の国」と簡単に言うが、アジアやアフリカを含めて何十億人の女性を想定しているのかな？　その発言だけで、どれほど怪しい話か想像がつく。

助手　池川氏は、幼稚園や保育園の幼児に対するアンケート調査から、「三人に一人の子どもも」に「胎内記憶」があることが「明らかになった」と述べていますが、統計的に有意な科学的調査を行った形跡はありません。

女性に対するジェンダー・バイアスもさることながら、産婦人科の医師でありながら、池川氏が「過去生記憶」（過去に別の人物として生きていた記憶）や「中間生記憶」（前世の終了時から受精までの記憶）を当然の前提として話を進めているのには驚きました。

教授　子どもは、大人に気に入られるように話を作るものだからね。「かわいい・きれい・やさしそう」なママの話をして、池川氏を喜ばせたんじゃないかな。

助手　あははは。大の大人が、幼稚園や保育園の幼児に遊ばれているわけですか。

それにしても、驚くのは池川氏が「流産していく赤ちゃんや中絶される赤ちゃんたちが喜んで旅立つイメージ」と言い放っていること。さらに「『もう2度と流産するお母さんを選ばなくてもいいよ。次はまた別の役目を果たすためにがんばってね』というプレゼントができる」とも述べています。この種の言葉が、どれだけ流産した女性を傷付けるかと思うと……。

教授　池川氏の話を聞いていると、肉体は滅びても魂は生き続けるから「人は死なない」と主張する矢作直樹氏を思い出すね。

助手　言い忘れていましたが、『かみさまとのやくそく』の上映会は、矢作氏が顧問を務める未来医療研究会の主催でした。そこで池川氏と矢作氏は、一緒に登壇して挨拶したそうです。

教授　類は友を呼ぶわけか。

　矢作氏は二〇一六年三月で東大を定年退官ということで、「東大の救急医療の来し方」という最終講義を行ったようだ。さすがに「死後の世界」や「ヒーリング」の話にまでは踏み込まなかったようだが。結果的に、東大医学部教授会は、社会的説明責任を果たさずに終わったね。

助手　でも、未来医療研究会の主宰者は、今でも東大医学部付属病院循環器内科助教ですから、医学部教授会がどのように認識しているのか、伺いたいものです。

教授　世の中は奇妙な主張や霊感商法で溢れているが、東大教員の研究会主宰となると、お墨付きの誤解を与えかねない。社会的影響を十分配慮してほしいものだ。

解説——プロジェクト・アルファ

　本章のエピソードで中心になる主題は、矢作直樹氏や池川明氏のような「医師」がスピリチュアリズムを擁護している現状に対する問題提起である。現在でも、東京大学医学部助教が主宰する未来医療研究会は実在し、相応の社会的影響力を持っている。そこにオカルト関係者が参加している状況を、どのように認識すればよいのだろうか。

ここでは、過去に大学の研究機関が「超能力」を扱った実例を考えてみよう。

一九七九年、マクドネル・ダグラス航空株式会社の会長ジェイムズ・マクドネルは、ミズーリ州セントルイスのワシントン大学に「マクドネル超心理学研究所」を設立するため、当時としては破格の五十万ドルを寄付した。彼は、科学技術者である一方で、超常現象に深く関心を持っていたため、この寄付によって「超心理学」を発展させようと考えたのである。

研究所の所長に就任したのは、ワシントン大学物理学科のピーター・フィリップス教授だった。彼は記者会見を開いて、とくに子どもの超能力を重点的に研究すると発表した。これに対して、全米から三百人近い応募者が殺到し、審査の結果、ペンシルベニア州の病院職員スティーブ・ショウとアイオワ州の学生マイケル・エドワーズが被験者として選ばれた。二人は、当時十七歳と十八歳だった。

その後三年以上にわたって、二人の少年は、研究所内外で実施された多種多様な実験において、凄《すさ》まじい「超能力」を次々と発揮した。彼らは、「念力」によって、スプーンやフォークはもちろん、アクリル板に埋め込まれた金属片も自由自在に折り曲げ、密封ビン内部のヒューズをショートさせ、静電気防止材でカバーされたガラス・ドーム内部のアルミニウム回転翼を外から回してみせた。

研究所は、被験者のトリックを未然に防ぐため、手品師ウィリアム・コックスをコンサルタントに任命していた。コックスは、ボルトと南京錠で頑丈なテーブルに水槽を据え付けて「絶対にトリックでは破れない」密封容器を作製し、その唯一の鍵はフィリップス所長が首にぶら下げていた。

しかし、その翌日、二人の少年は、その容器内部の対象物を「超能力」で奇妙な形に折り曲げてみせた。スティーブは、コックスの設計した他の小型密封ビン内部のパイプ・クリーナーを、部屋の反対側から「念視」するだけで、人間の形に曲げてみせることもできた。これらは、すべて超常現象として記録された。

ところが、驚くべきことに、研究所の厳重な審査を経て選ばれた二人の少年が、実は奇術師ジェームズ・ランディの弟子だったのである。もちろん、二人の「超能力」も、すべてトリックだった。ランディは、この潜入作戦を「プロジェクト・アルファ」と呼んだ。

二人の少年は、研究員から「トリックではないか」と尋ねられた場合は、即座にその事実を認め、「ランディによって送り込まれた」と正直に答え、いっさいの責任はランディが取る約束になっていた。ところが、研究所の研究員は、最後まで二人の「超能力」を微塵《みじん》も疑おうとせず、一度も問い質《ただ》すことがなかったのである。

プロジェクト・アルファの開始直後、ランディは、フィリップス所長に、超能力実験に関する十一項目の注意事項を送った。これには、実験途中で被験者に最初の計画を変更させてはならない、逃げ口上の余地を与えることになるため被験者の気まぐれな要求に応じてはならない、実験の周囲の状況は厳密にコントロールされなければならない、などの項目が含まれていた。

しかし、最初の実験から、研究員らはランディの提案した注意事項を無視したため、被験者が実験を思い通りにリードすることができた。被験者は、実験条件が気に入らなければ、怒ったりかんしゃくを起こしたりもした。二人の少年は、自称超能力者ユリ・ゲラーがスタンフォード研究所の実験で取った行動に多くのヒントを得ていたのである。

若いが有能な手品師のスティーブとマイケルにとって、「超能力」を発揮することは、いとも簡単だった。透視実験の一種では、絵の入った封筒が被験者に渡される。被験者は、封筒とともに一人で残され、その後、封筒を実験者に戻し、開封の痕跡がないとの確認を受け、封筒に入っていた絵を当てる。二人の少年は、この実験で、かなりの成功を収めた。一〇〇パーセントでなかった理由は、少年たちが、成功率が高すぎると逆に怪しまれると考えて、故意に成功率を下げたからである。

手順は簡単だった。封筒は、数個のホッチキス針で留められていたので、それらを外して中身をのぞいてから、もとのホッチキス針の跡に、うまくホッチキス針を留め直したのである。マイケルは、実験中にホッチキス針を失ったことがあったが、それをごまかすために、実験者に対面した際、腹を立てて自ら封筒を破ってみせた。この種の実験内容の変更も、そのまま受け入れられてしまった。

研究所を訪れたミネソタ大学教授の物理学者オットー・シュミットは、二人に小型デジタル時計を渡して、超能力で変化させるように指示した。最初から完全に密封されている製品である。マイケルは、昼休みに、この時計を研究所から隠して持ち出し、セルフ・サービス式のレストランで昼食を取ったとき、それをサンドイッチに挟み、電子レンジにかけた。デジタル時計は完全に狂って、意味不明の液晶表示を始めた。シュミット教授は、これこそが「超能力のすばらしい威力」だと言って、マスコミに驚嘆してみせた。

ニュージャージー州のリハビリテーション・エンジニアリング国立研究所では、精神科医バーソルド・シュワルツが、スティーブを被験者とする実験を行い、膨大な報告書を作成した。彼は、スティーブにビデオカメラを渡して、周囲を撮影するように指示した。そのビデオテープを現像すると、いくつかのコマの中ほどに、奇妙にぼやけた渦巻が写っていた。シュワルツは、それらの「渦巻」の中に、「動いている顔、キリストの顔、UFO、女性の胸像、乳首、胸、太腿、生まれてくる子ども」を発見して、詳細な精神分析を行った。その場にいた研究員らは、フィルムにそのようなものが現れた原因を「超常現象」以外とは思えなかった。ところが、実際には、その渦巻は、スティーブがレンズの上に吐いた唾《つば》だったのである。

後にランディは、次のように述べている。「プロジェクト・アルファが成功を続けたのは、研究員たちが、マイケルとスティーブを本当の超能力者だと信じていたからである。仮に二人が手品師として同様のトリックを使っていたら、これほどうまくやってみせることはできなかっただろう」

マクドネル超心理学研究所の研究員らは、「サイコキネート」なる新語まで創り上げるほどに、二人の少年の「超能力」を信じて疑わなかった。実験は、実験者と被験者が互いにリラックスした雰囲気の中で行われ、単純なトリックが「超能力」と認められて報告されるにつれて、さらに被験者が操作しやすい環境に変わっていった。

スティーブとマイケルは、電気関係の装置が、「超常的に悪いものを発散している」と主張した。これは、実験に一連の神秘的な雰囲気を盛り上げると同時に、ビデオ監視の可能性を最小限にするためでもあった。彼らは、二人とも、子どもの頃にある種の電気的なショックを経験して以来、自分たちの超能力に気付くようになったと話すことによって、電気装置を嫌がる理由まで注意深く解説した。研究員たちは、これらの主張を好意的に受け入れ、さらに「信念の泥沼」に深く入り込んでいったのである。

二人の「超能力」が『ナショナル・エンクワイアラー』紙で報道されると、少年たちは全米から「何トンもの手紙」を受け取った。マイケルは、次のように述べている。「人々は、ラッキー・ナンバーから行方不明の子どもについてまで尋ねてきた。根本的に、どのように生きていけばいいのかまでも、僕らに尋ねてきた。超能力の威力というのは、本当に狂気じみている。人々の人生まで、簡単に手中に握ってしまえるんだからね」

一九八三年、ランディはプロジェクト・アルファの全容を公表した。二人の少年は、すべてがトリックだったと公表された後にも、「自分では気付かずに、本当は超能力を使っていたのではないか」と聞かれたという。彼らは、超心理学者ばかりではなく、一般大衆が、どれほど超常現象を信じたがっているのかを知って、驚愕したと証言している。

第六章──課題

1．いわゆる「因習」に拘る習慣はあるだろうか。あれば、その習慣を思い出して、なぜ自分がその因習に拘るのかを分析しなさい。［ヒント──「死後の世界」や「先祖供養」などに関わる因習を考える。］

2．ランディは一九八八年、オーストラリアのテレビ局に協力して、いかにメディアと大衆がオカルトに騙されやすいかを検証するため、霊と交信するチャネラー「ホセ・カルロス」という人物を創作した。演じたのは彼の友人の芸術家で、腋《わき》にボールを挟んで瞬間的に脈を止める奇術を使って「死から蘇《よみがえ》る」演技を行った。彼らはシドニーのオペラハウスを「信者」で満杯にした後、すべてが「ヤラセ」だったことを暴露した。この「カルロス事件」から、メディアと大衆の騙されやすさを検証しなさい。［ヒント──ランディ「カルロス事件」のサイトなどを参照。］

3．学者や医師、法律家やジャーナリストのように、社会的には「学」に携わりながら、オカルトを擁護している人々がいる。彼らの論法を分析して、どこに問題があるのかを論証しなさい。［ヒント──「Japan Skeptics」や「と学会」のサイトを参照。］

第七章 なぜ運に任せるのか

おみくじと決断

助手　明けましておめでとうございます。本年もよろしくお願いいたします。

教授　おめでとう。こちらこそ、よろしく。今日は華やかな晴着姿だね！

助手　えへへ、新年会なのでオメカシしてきました。先生から褒められたし、初詣のおみくじも「大吉」だったし、今年は何かいいことがありそうな……。

教授　君の課題はね、年内に研究成果をまとめて論文発表すること。それも、できれば国際学会で発表するのが望ましいんだが。

助手　そういえば、おみくじの「学問」の欄に「楽には達成できず、努力が肝心」と書いてあります。

教授　まさに君にピッタリの言葉じゃないか！

助手　「願事」は「うまく叶うが、油断すると失敗する」、「縁談」は「急ぐと破れるが、自重すればまとまる」ですって。「大吉」なのに、どちらにも受け取れるような言葉ばかりですね。

教授　「占い」など信じないと言っていたのに、「おみくじ」は引くのかね？

助手　私が信じないのは、「星占い」や「血液型占い」のように人間を十二種類とか四種類にタイプ分けする占いです。「今日はA型がラッキー」と言われても、日本人の四割がA型ですから、大雑把すぎるでしょう。

でも、おみくじは、森閑とした神社や寺院で心を清めて、自分で引くものなので、有難味があって……。

教授　おみくじといっても「くじ」の一種だから、当然「吉」が出ることも「凶」が出ることもある。何が出るかは偶然に左右されているわけだが、そこから教訓や助言を読み取って、自戒の念とするのが、日本の伝統文化だからね。

助手　さすがに「大凶」は参拝者が落ち込むので、入れていない神社仏閣が多いようです。吉凶の順番についてもいろいろな説がありますが、神社本庁のサイトでは「大吉・吉・中吉・小吉・末吉・凶」の順になっています。つまり、「吉」が「中吉」よりも、「小吉」が「末吉」よりもベターだという位置付けですね。

吉凶の比率を調べてみると、平安時代に比叡山延暦寺の良源僧正が、おみくじ百本に対して「大吉十七、吉三十五、半吉五、小吉四、末小吉三、末吉六、凶三十」と定め、東京の浅草寺のおみくじは、今もその割合を忠実に継承しているそうです（『女性セブン』二〇一四年二月二十七日号）。

教授　「凶」が三割とは、思ったよりも多いね。しかし、その比率だったら、明智光秀が何度もおみくじを引いたという『信長公記』の記述も頷けるよ。

助手　光秀は、織田信長への謀反を占ったんですか？

教授　そう伝えられている。天正十（一五八二）年五月二十七日、光秀は京都の愛宕《あたご》神社を参拝し、おみくじを引いたが、最初は「凶」、次も「凶」で、三度目に「大吉」が出たという。その翌日、彼は「ときは今あめが下知る五月《さつき》かな」と詠み、本能寺へ軍勢を向けた。

助手　そんなに「凶」が出たんだったら、謀反を止めればよかったのに……。

教授　下剋上の戦国時代、光秀のような武将が内心で決意していた以上、どんなおみくじが出ても、謀反を決行しただろう。気に入らなければ、何度でも引くまでだからね。むしろ恐ろしいのは、本当に「くじ」で決定が下されるケースだよ。

助手　どういうこと？

教授　これは『日本書紀』に出てくる話だが、天智天皇が皇太子のとき、部下が裏切者かどうかを占うため、何枚かの紙に文字を書いて折りひねり、その一つを引いて決断する「ひねりぶみ」を行ったという。

助手　「くじ」の結果で首を刎《は》ねられたりしたら、部下は堪《たま》りませんね。

教授　ところが「くじ」や「占い」で部下を判断する風潮は、現代社会にも脈々と受け継がれているからね。

　就職活動の面接で、血液型や出生時刻まで聞かれた学生もいるくらいだよ。

助手　そんなオカルトな会社だったら、学生の方から断ればいいですよ！

おみくじと「神慮」

教授　おみくじといえば、実に興味深い話がある。

室町幕府四代将軍の足利義持は、応永三十（一四二三）年、嫡子の義量《よしかず》に将軍職を譲り、出家した。義持は三十八歳、五代将軍となった義量は十七歳だった。

助手　二人とも若いですね。

教授　義持自身、九歳で将軍になり、父が長く実権を握っていたという経験がある。将軍よりも、その庇護者の立場にいる方が、自由に政治を行えるからね。

ところが、幼少期から病弱だった義量は、その二年後、十九歳の若さで亡くなってしまった。彼には子がなく、義持にも他に男子はない。そこで義持は、石清水八幡宮《いわしみずはちまんぐう》に参拝し、おみくじを引いたところ、「男児が誕生する」と書いてあった。しかもこの日の夜、彼は男児誕生の夢を見たという。

助手　まさか正夢？

教授　いやいや、世の中、そんなにうまくはいかない。以下、義持の護持僧として近侍した醍醐寺座主の三宝院満済《さんぼういんまんさい》の日記『満済准后《じゅごう》日記』に詳しく書いてある話だ。

応永三十五（一四二八）年一月六日、義持は父である三代将軍義満の建立した鹿苑院《ろくおんいん》に参院して、正月を祝った。七日、浴室で尻にできた出来物を掻《か》き破ったところ、傷が盛り上がり発熱した。八日、六名の僧侶が加持祈祷を行ったが効果はなく、尻は膨れ上がるばかりだった。

助手　笑っちゃいけない話だけど……。

教授　おそらく感染症だから、現代ならば抗生物質で簡単に治るだろうがね。

一月十一日は幕府の重要な「評定始」だが、義持は近臣に手を引かれて「片時」だけ出御するのが精一杯だった。十三日になると、尻が腫《は》れて座ることもできなくなり、寝たきりになった。十五日には傷口から壊疽《えそ》を起こしたらしく、尻が腐り出したという。

助手　そこまで急激に悪化したとは、よほど強い病原菌だったんでしょうね。

教授　将軍不在のまま、義持が政治を統括している状況だから、彼に万一のことがあれば、幕府は大混乱に陥る。重臣らは評議を重ねて、十七日、満済が恐る恐る義持に後継者を尋ねたが、彼は指名を拒否した。重臣らは、四人の弟の中から一人を選んでほしいと重ねて頼んだが、義持は皆に任せると言ったきり口を噤《つぐ》んだ。

助手　もしかして、おみくじにあった「男児誕生」を待っていたのかしら……。

教授　それはおもしろい説だね。たしかに、この時点で正室の日野栄子は三十八歳、さらに側室も数人いたから、彼が誰かの懐妊を心待ちにしていた可能性も十分考えられる。

他にも義持が後継者の指名を拒否した理由として、弟らが将軍の器でないと考えていたからとか、誰を指名しても部下が承諾しなければ意味がないと悟っていたから、などといわれているが、彼の真意は不明だ。

助手　それで、結局、後継者はどうなったんですか？

教授　困り果てた重臣らは、四人の弟から一人をくじ引きで選ぶ方法を懇願し、義持もこれを認めた。ただし、自分はすでに神前でおみくじを引いている以上、後継者のくじを引くのは「神慮に背く」ことになるから、くじは自分の生存中に引かないようにと厳命した。

助手　やはり義持は、最後まで「男児誕生」のおみくじに拘っていたんですね。

教授　ところが重臣らからすれば、義持亡き後、くじを引くまでの空白の時間に何が起こるかわからないのが恐ろしい。

そこで義持に秘して石清水八幡宮でくじを引き、その結果を封印しておいた。十八日、義持が逝去すると、くじを開封し、そこで選ばれたのが義満の五男の義圓《ぎえん》で、彼が六代将軍足利義教となったわけだ。

助手　「くじ引き将軍」！

教授　義教は、守護大名や公家を些細な理由で粛清する「万人恐怖」政治を行い、「悪御所」と呼ばれた。最期は部下に暗殺されて嘉吉《かきつ》の乱が起こり、そこから室町幕府の崩壊が始まったわけだ。

助手　おみくじを信じすぎるのも、くじに頼りすぎるのも、考えものですね！

おみくじと作為

教授　おみくじといえば、私も不思議な経験をしたことがあってね……。

助手　先生が？

教授　随分前の話だが、ある女性と神社に行ったことがある。その神社のおみくじは、「おみくじ箱」の丸い穴に手を入れて引く形式で、お互いに引いてみたところ、二人とも「大吉」だった。

助手　ラッキーですね！

教授　まあ、ここまではよくある話かもしれないが、中身を読むと、まったく同じ内容なんだよ。よく見ると、二人とも完全に同一の「第二十三番おみくじ」を引いていたというわけだ。

助手　それは珍しい！

教授　そこに袴姿の巫女《みこ》さんが通り掛かったので、箱には何枚くらいおみくじが入っているんですかと尋ねてみると、少し前の時間に箱の中身を入れ替えたばかりだから、おそらく二千枚くらい入っているはずですよ、ということだった。

おみくじは第一番から第百番までの連番で、これを二十セット流し込んで、かき混ぜたそうだ。ということは、「第二十三番おみくじ」は箱の中に二十枚程度あるから、これを二人が同時に引く確率は、およそ一万分の一ということになる。

助手　スゴイ確率！　それで、そのおみくじには、なんと書いてあったんですか？

教授　当時、私は「結婚」するか迷っていたんだが、「意中の人と結ばれる」と書いてあった。後で聞いたら、一緒にいた彼女も同じことを考えていたそうだ。

助手　それで……。もしかしてその女性と？

教授　そう、その女性が私の妻になったわけだよ。

助手　えっ、なにそれ、ハッピーエンドじゃないですか！　おみくじから、明智光秀や足利義持の不運な話になっていたのに……。

教授　いや、だからバランスを取って、幸運な話も付け加えたまでだがね。いずれにしても、いかに偶然とはいえ、通常には起こり難い確率の事象を実際に体験すると、「ご縁」を感じることだけは、たしかだね。

助手　ふーん、それはどうもごちそうさまでした。私も早く彼氏を作って、一緒に神社に行って、二人でおみくじを引かなきゃ。

でも、そのおみくじが同じ番号で、しかもどちらも「凶」だったら、どうしましょう！

教授　あははは。もしそんなことがあったら、それはそれで非常に珍しい出来事だから……。

助手　もう、先生はヒトゴトだと思って！

教授　しかし、そこで逆に思い付いたことがあってね。古来「くじ」の結果は「神慮」とみなされてきたが、実際には「作為」も起こり得るということだよ。

助手　どういうこと？

教授　たとえば義持の後継者を選んだくじ引きだが、三宝院満済の日記『満済准后日記』によれば、次のように実施されている。

応永三十五年一月十七日午後、満済が義持の弟四人の名前を四枚の紙に書き、それぞれ飯粒を練った糊《のり》で閉じて、評定衆の山名時熙《ときひろ》が継ぎ目花押《かおう》で封印した。その四通を管領の畠山満家が石清水八幡宮に運び、祈りを捧げて神前で一通を選び、持ち帰って保管した。十八日午前、義持が逝去した後、重臣らの前で封印を解くと、「青蓮院義圓殿」とあった。

助手　なるほど。くじ引きが厳正に行われたようでも、実際に関わったのは満済と山名と畠山の三人だけ。もし彼らが組んでいたら、簡単に細工ができますね。

教授　仮に満済が「義圓」と書いた紙に畠山だけにわかる印を付けたら、二人の共謀でも十分だ。糊をうまく剝がせば、畠山一人でも「義圓」を選べただろう。

助手　そんなことで室町幕府六代将軍が決まったとすると、末恐ろしいですね。

教授　当時から、作為があったのではないかという噂も囁かれていたようだ。それを打ち消すかのように、権大納言万里小路《までのこうじ》時房の日記『建内記』には、四人の名前のくじを三度引いたところ、三度とも「義圓」だったと脚色してあるが……。

助手　真相は藪《やぶ》の中ですね。

「神明裁判」とオカルト

教授　足利義教は「くじ」で室町幕府の六代将軍に選ばれたわけだが、彼は「くじ引き将軍」という汚名を逆手に取って、自分こそが「神慮」に導かれた君主だと強権を振るった。

助手　義教は、兄の足利義持の生存中、正式な後継者として指名されなかったから、内心にコンプレックスを抱えていたのではないかしら……。

教授　たしかに、その傾向はあったかもしれない。義教は、権力を掌握すると、気に入らない家臣や大名や公家を些細な理由から次々と粛清し、反旗を翻した比叡山を焼き討ちにした。いったんは延暦寺と和睦したものの、その後、山門使節四人を呼び寄せて騙し討ちにした。これに抗議した門徒二十四人が根本中堂に籠って焼身自殺し、その炎は京都からも見えたそうだ。ところが義教は、炎上の噂話をしただけで人々を捕えて斬首したため、誰もが口を噤んだという。

助手　すごい暴君ですね。料理が不味《まず》いと料理人を罰し、酌の仕方が下手だと怒って少納言局の長い髪を切ったこともあったとか……。

教授　一日に十人を試し斬りにしたなどとも伝えられている。さらに彼は、古代社会で行われていた「湯起請《ゆぎしよう》」の儀式を復活させた。

助手　何ですか、それは?

教授　「湯起請」とは、『日本書紀』に記述があるが、「盟神探湯《くかたち》」とも呼ばれる「神明裁判」の一種だ。この裁判の被告は、釜で沸騰した熱湯の中に手を入れて、底にある熱い石を取り出し、神棚に置く。「神慮」により、もし被告が無罪であれば火傷せず、有罪であれば大火傷を負うとされる。

助手　そんな無茶な……。

教授　もし途中で石を落としたり神棚に安置できなければ、その場で有罪になる。熱湯の釜の代わりに毒蛇の入った壺《つぼ》を使ったり、焼けた鉄の塊を手で運ぶ「火起請」で占う方法もあった。

助手　それは裁判というよりも、オカルト的な拷問じゃないですか！

教授　中世から近世にかけてヨーロッパで行われた「魔女裁判」では、被告の手を縛って川に投げ込む「水審」が行われた。「水は不浄を弾く」という「神慮」に基づき、もし被告が無罪であれば沈み、有罪であれば浮くとされる。

助手　沈めば水死、浮けば「魔女」だから火刑。どちらにしても逃げられないなんて、残酷すぎます！

教授　「神明裁判」の特徴は、その結果が「神慮」だといえば誰も逆らえない点にある。だから古来より世界の権力者たちに悪用されてきたわけだ。

義教は、この種の「神がかり」な恐怖支配によって、独裁政権を確立した。彼は軍備を増強し、対立する足利持氏一族を滅ぼして鎌倉を平定、九州に逃げた自らの弟の義昭《ぎしょう》も討って、室町幕府の領地を過去最大に広げた。

義教といえば、歴史的には残虐な暴君と非難されるのが普通だが、実は織田信長の先駆者だったと高く評価するような見解もある。

助手　でも結果的に、義教も信長も、部下の謀反によって殺害されましたね。

教授　二人とも、人生の最盛期に、あっけない最期を迎えた。部下が自分に刃向かうはずがないと慢心していた点は、そっくりだね。

義教を暗殺した赤松満祐《みつすけ》は、幕府の宿老まで務めた重臣だが、義教から職を罷免させられ、蟄居《ちっきょ》していた。しかも当時、義教は有力な重臣を次々と誅殺し、次は赤松かと噂されていたという。したがって、赤松の謀反は、簡単に予測できたはずだ。それなのに義教は、赤松の招待を受けたんだからね。

助手　どうして？

教授　赤松邸には立派な池がある。そこに生まれたばかりのカモが泳いでいるから、ぜひ見にきてくださいという誘いに乗せられた。

助手　カモの赤ちゃん！　可愛らしいから、見に行きたくなるかも……。

教授　そのおかげで、義教は一太刀で斬首されたがね。

助手　すべては兄の義持の「男児誕生」のおみくじから始まったんですよね。やはり妄信とは恐ろしい！

占いと六曜

教授　研究室の今年のカレンダーは、世界遺産の見事な写真集だね！　大自然が生み出した雄大な景色を眺めていると、大学を飛び出して、どこか海外に出掛けたくなるなあ……。

助手　私も！　今度、国際学会の出張申請が通ったら、ぜひ連れて行ってください！　といっても、今の私の業績では却下されるに決まっていますから、カレンダーだけは夢のあるものを選んでおきました。

そういえば、大分県佐伯市《さいき》が、市制十周年を記念して、二〇一六年元日から二五年大晦日までの十年分の日記を記入できる『佐伯市10年ダイアリー』を作製したそうです。A5判四百ページの冊子五万冊で、経費は二千五百万円。

二〇一五年末に佐伯市の全世帯に配布する予定だったのに、「六曜」が掲載されていたため、取り止めになったそうです（『西日本新聞』二〇一五年十二月二十六日付）。これが全部廃棄処分になったら、あまりに勿体なくて……。

教授　暦に「大安」や「仏滅」などを規定する「六曜」に対して、行政は「科学的根拠に基づかない迷信や因習で、偏見や差別など人権問題につながる恐れがある」と指摘する立場だからね。その自治体当局が、公的刊行物に「六曜」を掲載すれば、騒動になるに決まっているのに、関係者は、印刷製本が終わるまで気が付かなかったのかな……。

助手　二〇〇五年、滋賀県大津市職員互助会が発行し、全職員に配布した『大津市職員手帳』にも「六曜」が掲載されていたため、約三千八百冊が回収されたそうです。大津市は、一九九〇年以降、職員手帳への「六曜」記載を止めていたにもかかわらず、当時の新市長の意向で復活させたということですから、こちらは意図的だったようです。

教授　そもそも「六曜」は、中国の「陰陽道」の「暦占い」が室町時代に伝わったものだが、一般の暦に記載されるようになったのは江戸時代でね。

旧暦の一月一日は「先勝」、二月一日は「友引」、三月一日は「先負」のように予《あらかじ》め順番が決まっていて、「先勝・友引・先負・仏滅・大安・赤口」の順にローテーションを繰り返し、月末でリセットされる。

その動きがイレギュラーで「神秘的」な印象を与えるが、旧暦月の初日以外は、機械的に「六曜」を順に当てはめているにすぎない。

助手　その「六曜」が、どうして人権問題と関係してくるんですか?

教授　徳川幕府は、厳格な「士農工商」の身分制度を制定し、その枠に収まらない火葬や動物の解体などは、被差別部落民の仕事とされた。そして、祝事は「大安」、弔事は「仏滅」に行うという因習が一般庶民の間に広まった。もし仕事を「大安」や「仏滅」で分ければ、そこに差別意識が生じる可能性もあるだろう。

助手「六曜」は、現代社会にも根強く残っていますよね。結婚式場は「大安」の日から埋まっていくみたいだし、父の葬儀のときには、「友引」などとんでもないと騒いだ親戚がいたため、「仏滅」の日にしました。

教授　カレンダーに「大安」や「仏滅」などが記載されていると、つい気にしてしまうのが人情かもしれない。だから、そのような迷信を掲載することを止めようと行政指導しているわけだよ。

しかも、この種の「暦占い」は、「六曜」に限らないからね。たとえば二〇一六年一月一日を考えてみると、「旧暦」は「十一月二十二日」、「六曜」は「友引」、「十干十二支」は「壬午《みずのえうま》」、「九星」は「一白水星」などと、いろいろな「運勢」が勝手に決められている。

しかし、これらも一定の規則に従ったローテーションの結果で、科学的根拠はまったくない。

助手　朝のテレビでは「星占い」や「血液型占い」が放映されています。ネットにも数えきれないほどの課金占いがありますよ。

教授　「六曜」も「占い」の一種だからね。この種の迷信を無批判・無自覚に拡散するメディアやネットの責任は、非常に重大だ。

「かなしきかなや道俗の……」

教授　これは以前、立命館大学名誉教授の安斎育郎氏から聞いた笑い話だがね……。日本が真珠湾を攻撃した一九四一年十二月八日は「大安」。だから、日本の勝利は最初から約束されていると信じた人がいたそうだ。

助手　でも「大安」の日は、アメリカにとっても「大安」じゃないですか？

教授　あははは、引っ掛かったね！　日本が奇襲した八日未明、ハワイは日付変更線の向こうだから、アメリカ時間では七日。そして、この日は「仏滅」だったというわけだよ。

助手　すごいコジツケ！

教授　「大本営発表」に浮かれた当時の日本では、そんな非合理なコジツケさえ謳《うた》われたということだ。

短期決戦でアメリカに打撃を与えたかった日本軍は、続いて一九四二年六月五日、ミッドウェー島を攻撃した。当時の総司令部が「六曜」を気にかけて作戦日程を選んだのかどうかは知らないが、日本時間の五日は、勝負事に先んじれば勝つという「先勝」、アメリカ時間の四日は、厄日とされる「赤口」だった。

ところが、現実のミッドウェー海戦では日本軍が大敗し、そこから日本の悲劇が始まった。

助手　どんな日だって、勝つ人がいれば、負ける人もいるでしょうし、幸運な人がいれば、不運な人もいます。ですから、「日」に「吉凶」があるという考え方自体、矛盾しているとしか思えないんですが……。

教授　まさに、その「矛盾」に翻弄される人々を嘆いたのが、親鸞《しんらん》だった。彼は最晩年に『愚禿悲歎述懐和讃』十六首を遺しているが、その八番目に次の和讃がある。

「かなしきかなや道俗の　良時吉日えらばしめ　天神地祇をあがめつつ　卜占《ぼくせん》祭祀つとめとす」

助手　どういう意味？

教授　「なんと悲しいことなのか、僧侶も世俗の人々も、良い時刻や吉日を選ぶことに固執し、天や地の神を崇《あが》めて、占いや祈り事ばかりを行っているとは……」

助手　親鸞といえば、浄土真宗の宗祖ですよね。「六曜」の中に「仏滅」があるから、仏教用語とばかり思っていたんですが……。

教授　とんでもない！　すでに話したように、「六曜」は、中国の「陰陽道」の「暦占い」が伝わったもので、古代から戦争や賭事を占うために使われた俗信。仏教はもちろん、日本古来の神道ともまったく無関係だよ。

そもそも、室町時代に伝播《でんぱ》した「六曜」は、「大安・留連・速喜・赤口・小吉・空亡」だったが、それが江戸時代に「泰安・流連・則吉・赤口・周吉・虚亡」になった。その後、引き分けを意味する「流連」が「友引」に、半吉を意味する「則吉・周吉」が「先勝・先負」に変わった。すべてについて凶とされる「空亡」と「虚亡」は、何も得られない「物滅」に変化し、それが明治時代初期の暦で「仏滅」と書き換えられたらしい。

助手　言葉からして、そんなデタラメに変化していたんですか！

教授　まさにデタラメだよ。しかも、室町時代から現代に至るまで、多くの人々は、実際には「六曜」の「吉凶」など信じていないだろう。

だが、「仏滅」に結婚式を挙げたり、「友引」に葬式を行えば、古くからの慣習に反したと不安にかられたり、世間に余計な波風を立てるかもしれない。こうして人々は、自ら因習を引きずり、迷信に縛られていく。その有様を、親鸞は「かなしきかなや」と嘆いたんじゃないかな。

助手　カレンダーに「六曜」を掲載すべきでないという理由が、よくわかりました。

教授　というか、すでに明治政府が厳しく禁止した経緯もあるんだがね。

　明治五（一八七二）年十一月、明治政府は「今般太陽暦御頒布に付、来明治6年限り略暦は歳徳・金神・日の善悪を始め、中下段掲載候不稽の説等増補致候儀一切相成らず候」という太政官布告を発布している。

助手　暦に一切の「占い」を掲載することを、全面的に禁じていたわけですね。

教授　それが「表現の自由」のおかげで、逆に野放しになってしまった。いかに「表現の自由」といっても、オカルトやデマを野放しにしていいというわけではないんだが。かなしきかなや道俗の……。

十干十二支のローテーション

助手　二〇一六年の「干支」は「丙申《ひのえさる》」ですね。

　相場の世界には「申酉《さるとり》騒ぐ」という格言があるそうで、年初から株価が暴落したのも為替が円高に傾いたのも、すべて「申年」が原因だと述べている経済学者をテレビで見かけたんですが、あまりにも非科学的な根拠を堂々と語っているので、ビックリしました。
教授　経済予測は経済学者の数だけあると言われているから、中には「占い」に近い予測もあるだろう。私の知り合いの経済学部の教授などは、「経済学者とは、間違った経済予測を行って儲ける専門家だ」と豪語しているくらいだからね。
　そもそも「十二支」とは、古代中国の殷《いん》で東西南北の方角を北から順に十二の「方位」に分け、「子《シ》・丑《チユウ》・寅《イン》・卯《ボウ》・辰《シン》・巳《シ》・午《ゴ》・未《ビ》・申《シン》・酉《ユウ》・戌《ジユツ》・亥《ガイ》」と名付けたのが始まりだ。これらに「動物」の読み方が当てられたのは、春秋戦国時代。「年」の順を指すようになったのは後漢時代以降だから、ずっと後世の話だよ。
助手　私はイノシシ年生まれなので「女なのに猪突猛進」と言われてきましたが、本来の「方位」の意味とはまったく無関係ですね。
教授　「六曜」で「物滅」が「仏滅」に書き換えられたように、「亥」を「イノシシ」と読むこと自体、実にイイカゲンな風習だからね。
　しかも中国で「亥」といえば日本の「豚」のことだから、「イノシシ年」よりも「ブタ年」と呼ぶ方が正確なような気がするんだが……。

助手　ブタ年ですって！　私は今のままで結構です！

教授　「十二支」の動物自体、中国からアジア地域文化圏に伝播されていく過程で、土地柄に応じて変化している。モンゴルでは「寅」がヒョウ、ベトナムでは「卯」がネコ、タイでは「未」がヤギになるそうだ。

ところで、相場の格言といえば、次のように流れる。

子《ね》「繁栄」、丑《うし》「つまずき」、寅《とら》「走る」、卯《う》「跳ねる」、辰《たつ》「天井」、巳《み》「天井」、午《うま》「尻下がり」、未《ひつじ》「辛抱」、申《さる》「騒ぐ」、酉《とり》「騒ぐ」、戌《いぬ》「笑う」、亥《い》「固まる」。

助手　考えてみれば、世界中の複雑な要因から成り立っている経済現象が、こんなに単純に循環しているはずがないですよね。今、気付いたんですが、「リーマン・ショック」で大騒ぎだった二〇〇八年は「子年」だから「繁栄」とは！　まったく当てにならないわ。

教授　単純すぎると、経済学者も占い師も商売にならないからね。

最近、十二種類の「星占い」と四種類の「血液型」を掛け合わせて四十八種類にタイプ分けする占いを週刊誌で見かけたが、古代中国の「陰陽道」でも、「十干」と「十二支」を組み合わせたわけだ。

「十干」とは「甲・乙・丙・丁・戊・己・庚・辛・壬・癸」の順にローテーションを繰り返

す日周期のことで、一巡すると「旬」と呼ばれる。「上旬・中旬・下旬」で一カ月になる。

これに「五行説」の元素「木・火・土・金・水」、「陽」を表す「兄」と「陰」を表す「弟」がそれぞれ加わって、次のように読まれる。

甲＝木の兄（きのえ）、乙＝木の弟（きのと）、丙＝火の兄（ひのえ）、丁＝火の弟（ひのと）、戊＝土の兄（つちのえ）、己＝土の弟（つちのと）、庚＝金の兄（かのえ）、辛＝金の弟（かのと）、壬＝水の兄（みずのえ）、癸＝水の弟（みずのと）。

助手　「十干」掛ける「十二支」だったら、百二十通りになりませんか？

教授　「十二支」の「子・寅・辰・午・申・戌」は「陽」、「丑・卯・巳・未・酉・亥」は「陰」と定められていて、それぞれ「十干」の「陽」か「陰」同士のみと合体する。だから「甲子・乙丑・丙寅……」と続き、「辛酉・壬戌・癸亥」まで、六十通りになるわけだ。

おそらく百二十通りでは煩雑すぎるから、うまく理屈をこねて半分にしたんだろう。古代社会では、六十年生きれば十分長寿だったからね。

助手　六十年で「十干十二支」つまり「干支」を一周するから「還暦」ですか！

丙午の迷信

助手　二〇一六年は、「十干」が「丙」、「十二支」が「申」の組み合わせで「丙申」。そして「丙」を「火の兄（陽）」と読むわけですね。

教授　そのように「陰陽五行説」では定めているわけだが、そもそも日程を数えるための「十干」と方位を表す「十二支」を組み合わせることに、何の意味があるのかが、わからない。

助手　要するに、一日は東、二日は西、三日は南、四日は北のように、勝手に組み合わせているだけですよね。

教授　そんな方法を使えば、新種の「占い」を簡単に生み出せるよ。たとえば、普通の「四方位」では味気ないから、一日は北、二日は北北東、三日は北東のように「十六方位」を順に当てはめて「吉」と定める。その反対方向は、もちろん「凶」としよう。さらに、月の朔望と古代ギリシャ時代の四元素を組み合わせて、上弦は「火」、満月は「土」、下弦は「風」、「新月」は「水」とでも決めておくかな……。

助手　その「占い」だと、二日は、北北東が「吉」で南南西が「凶」。もしこの日の月が下弦ならば、「風」の日に相当するから、突風に注意とか、思いがけないことが起こるとか、つい浮かれてしまうとか、イメージから適当に占えますね。

教授　あははは。立派な「占い」ができたじゃないか！

助手　お正月のテレビ番組に占い師が登場して、「丙」は「燃え広がる火」すなわち「明らかになる」様子を表し、「申」は「金」と「陽」の属性を持つことから「樹木の果実が熟す」意味があると語っていました。

　その結果、「丙申」の二〇一六年は、「さまざまな成果が実を結び、進歩が明らかになる年」になるそうですが、この話もまったくのコジツケだということですね。

教授　年月日時の「四柱」に「十干十二支」を当てはめる「四柱推命」や、「一白水星・二黒土星・三碧木星・四緑木星・五黄土星・六白金星・七赤金星・八白土星・九紫火星」を組み合わせる「九星」なども、中国の「陰陽五行説」から派生した。

　この種の「暦占い」の背景にあるのが、「栄枯盛衰」は同じように繰り返されるという思想だ。コンピュータもネットも人工衛星もない諸葛孔明の時代ならば、未来は何らかの形式で想定して「占う」他に手段がないから、仕方がなかったかもしれないがね。

　一般に「暦占い」を迷信と断定できる最大の理由は、そのローテーションに科学的根拠がないことだ。なぜ二〇一六年は「丙申」で、二〇二六年は「丙午」でなければならないの

出生数及び合計特殊出生率の年次推移

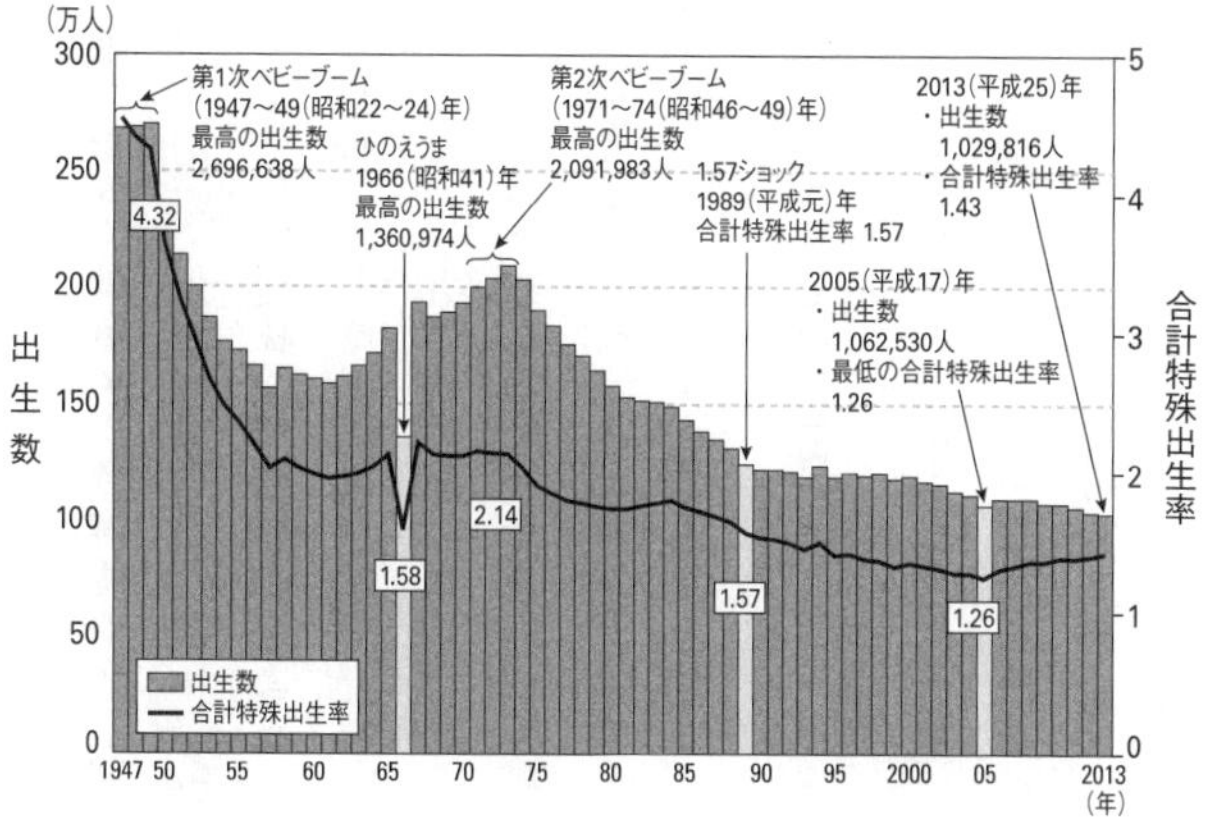

資料：厚生労働省「人口動態統計」

か？　なぜなら、単にそれが順番だからという答えしかないからね。

助手　それなのに、迷信が原因で、現実の日本人の出生数が乱高下しているんですよ！「丙午」の昭和四十一（一九六六）年、日本人の出生数は百三十六万九百七十四人で、前年から四十六万二千七百二十三人、つまり二五パーセント以上も減少。翌年には五十七万人以上増加して、昭和四十年以上の出生数に戻しています。

教授　「丙午」生まれの女性は「気性が激しく夫の命を縮める」という迷信が広まったのが、江戸時代だ。

江戸の大火で焼け出され、寺に避難した八百屋の娘お七が、寺小姓と情を通じ、再会を願う一心で、建て替えた家に放火し、天和三（一六八三）年、十六歳の若さで火刑となった。この事件が、浮世草子や歌舞伎や浄瑠璃に脚色されて評判になったわけだが、お七が一六六六年の「丙午」生まれならば、享年は数え年十八歳だから話が合わない。つまり、出処さえハッキリしない曖昧な迷信なんだよ。

助手　そんなことで出生率が二五パーセントも下がったなんて……。昭和の前の「丙午」は明治三十九（一九〇六）年ですが、出生率は前年から約四パーセントしか減少していません。

教授　それは、おそらく明治政府が「暦占い」を禁止した成果だろう。

助手　明治より昭和の方が迷信に左右されたなんて、時代を逆行しているみたい！　まさか次の二〇二六年は大丈夫でしょうね！

解説――「宝くじ」は詐欺か

本章のエピソードで中心になる主題は、「おみくじ」に翻弄された室町時代の将軍家、さらに「六曜」や「十干十二支」の迷信が社会に影響を与え、実際の出生率にまで大きな変化をもたらしているという事実である。

現代社会における「くじ」は多種多様だが、その一例として「宝くじ」を考えてみよう。

財団法人日本宝くじ協会によれば、宝くじは約四七パーセントが当せん金として払い戻され、約四〇パーセントが収益金として地方自治体に支払われ、約一二パーセントが印刷経費・売却手数料・宣伝費などに使用されている。

ジャンボ宝くじ一枚を例に挙げると、価格三百円のうち、当せん金として購入者に払い戻されるのは約百四十円で、残りの約百六十円は自動的に地方自治体への寄付および経費として差し引かれるわけである。競馬・競輪・競艇・オートレースなど、いわゆる公営ギャンブルが約七五パーセントを的中者に払い戻しているのに比べても、宝くじは圧倒的に地方自治体が儲かる仕組みになっていることがわかる。

さて、ジャンボ宝くじの場合、番号が100000番から199999番の十万枚を一組として、01組から100組までの一千万枚を一ユニットとして販売している。二〇一五年末に実施された第六八八回全国自治宝くじ（年末ジャンボ宝くじ）では、この一ユニットに1等（7億円）が一本、前後賞（1億5千万円）が二本、2等（1千万円）が十本、3等（1百万円）が百本入っている。その次の賞金になると、4等（5万円）以下、組違い賞などもあるが、大幅に金額が落ちる。

つまり、大多数の宝くじ購入者が「夢を買う」という意味での一千万円以上の高額当せん金は、一千万枚中に十三本しかないわけだから、一枚買って高額当せん金が当たる確率は〇・〇〇〇一三パーセントにすぎない。仮に三万円で百枚を購入したとしても、〇・〇一三パーセントにすぎない確率である。逆にいえば、百枚購入したとしても、九九・九八七パーセントは高額当せん金が当たらない。これは、「ほとんど不可能」な数値と言ってもよい。

一般に「詐欺」とは、他人を欺き、騙すことによって、「錯誤」に陥れ、金品を奪うことを指す。日本の刑法第二四六条には、「人を欺いて財物を交付させた者は、十年以下の懲役に処する」という「詐欺罪」も制定されている。

しかし、「ほとんど不可能」な高額当せん金を売り物にするからといって、宝くじを「詐欺」だとは断定できない。なぜなら、宝くじが「一〇〇パーセント当たらない」とは言い切れないからである。

「宝くじは、当たるか当たらないかのどちらかである」という命題は、論理的に正しい。ただし、ここで注意しなければならないのは、「今日は、日曜日か日曜日でないかのどちらかである」という命題も同じように論理的に正しいが、日曜日だから正しい確率は七分の一にすぎず、日曜日でないから正しい確率は七分の六だという点である。

「宝くじは、当たるか当たらないかのどちらかである」という命題は、「イエスかノーか」

のような二分法を連想させるため、当たる確率も五〇パーセントのように錯覚させる。実際に、二〇〇七年九月に実施されたＹａｈｏｏ！ニュース意識調査によれば、「いつかは自分がジャンボ宝くじで1億円以上を当てられる」と思っている回答が約34％に上る（「ジャンボ宝くじ」で自分が億万長者になれると思う？　回答総数５７５３９）！

しかし、実際にジャンボ宝くじを買ったとしても、高額当せん金が当たることは、まずない。テレビ番組などで、一千～二千枚の宝くじを実際に購入して、何が当たるのかを見るようなイベントがあるが、どの場合も、ごく小額の当せん金以外は戻ってきていない。

そもそも一千万分の一が当たる確率とは、サイコロを振って十回連続して同じ目が出る程度の確率である。あるいは、五万人で超満員の東京ドームが二百カ所あるとして、その一カ所の一人だけがホームランボールを受け取る方がイメージしやすいだろうか。人生において雷に打たれる確率もおよそ一千万分の一と言われている。

つまり、高額当せん金を目当てに宝くじを購入することは、「詐欺」だとは断定できないが、「限りなく詐欺に近い話」に引っ掛かることといえる。これに加えて、「大安吉日」あるいは「寅の日」だから「宝くじ」を買おうという宣伝になると、「限りなく詐欺に近いオカルト話」とでも言えばよいのだろうか。

第七章――課題

1. いわゆる「運」がよかった経験はあるだろうか。あれば、その経験を思い出して、その「運」とは何だと思うかを分析しなさい。［ヒント――「偶然」を「必然」と勘違いする理由を考える。］

2. 一般に低所得者であるほど「宝くじ」や「ロト」などギャンブル性の高い「一攫千金《いっかくせんきん》」を狙いやすい傾向があるという何種類かの研究がある。これらの研究について調査し、意見を述べなさい。［ヒント――行動経済学や認知心理学における「ギャンブル性」を調査する。］

3. 二〇二六年の「丙午」の年、日本の出生率は変化するか、するとしたらどのように変化するか、その予測と理由を述べなさい。［ヒント――その時点の日本人がいかに「迷信」に左右されるかを考える。］

第八章 なぜ迷信に縛られるのか

幻の「日本オカルト大賞」

教授　以前、私の所属する研究会で「日本オカルト大賞」を創設する話が出たことがあってね。毎年、過去一年に起こったオカルト的な事件について、専門家が集まって厳正に審査する。そして、とくに「誤信・迷信・妄信」に満ちて、最も「非論理的・非科学的・反社会的」な事件を選び、中心人物あるいは団体に「大賞」を授賞して、世に知らしめようとする企画だった。

助手　おもしろそう！　でも、実施されていませんね。

教授　幾つか理由があって見合わせることになった。

第一に、「オカルト的」な範疇に入る事件が予想を遥かに超えて多いこと。広い意味では、STAP事件なども含まれるからね。

第二に、糖尿病の児童にインスリンを注射せず衰弱死させた「自称祈祷師」事件のように、人命に関わる重大事件もあって、同列に並べられないこと。

第三に、組織的に「霊感商法」を行っているような団体は、悪事の発覚に戦々恐々としているから、逆に研究会に難癖をつけて攻撃してくること……。

助手　一言で「オカルト」といっても、占いのように遊び感覚のものから、カルト教団のように人生を破壊してしまうものまで、幅広いですからね。

教授　人類が火星を目指し、ゲノムを解読・編集し、子どもがスマートフォンを駆使する現代社会なのに、どれほど前近代的な「オカルト」が蔓延しているか、驚かされるばかりだよ。

助手　そういえば、夏に軽井沢へ合宿に行ったとき、茅野《ちの》駅前に丸い巨石がしめ縄を巻かれて祀られていて、皆でビックリしました。

側に「茅野駅前まちづくり協議会」の看板があって、「土地区画整理事業工事中、弥生通りの地下約3メートルの地点から思いもよらぬ巨大な球状岩石が出土」し、「悠々の時を経た巨大岩石が、突然、地上に出現したことは単なる偶然とは思えない」ことから、「我々を守る神の磐座《いわくら》であると信じ、シンボルとして、駅前縄文公園隣接に永久保存する」と書いてありました。

教授　つまり、工事で地面を掘っていたら、丸い巨石が出てきたから、畏れ多くて祀ったというわけか。

おそらく十万年以上前の八ヶ岳の火山噴火で噴き出たマグマが河川で削られた溶岩だから、あの地域を掘れば、似たような石が何個でも出てくるはずだがね。あらゆる物体に霊魂が宿るという「アニミズム」が、現代にも受け継がれている典型例だ。

助手　私、さきほど「占い」を「遊び感覚」だと言いましたが、ちょっと気になる使用例もありました。

愛知県警察のサイトに「星座から見た交通死亡事故の特徴」というページがあります。過去十年間、愛知県内で発生した二千九百十一人の交通事故死亡者の誕生日から星座を割り出し、「星座ごとに飲酒・高速道路・自転車・歩行者別の発生状況・月・時間ごとの発生状況を分析」したもので、死亡者数が最多だったのは「みずがめ座」、最も事故が少ないのが「いて座」だったそうですが……。

教授　いやはや、そもそも統計にはバラツキがあるからね。仮にサイコロを二千九百十一回振ったら「三」が最多で出ましたといっても、そこに意味はないだろう。母集団が大きくなるほど、サイコロの目の出る確率は「大数の法則」に従って六分の一に収束する。

二〇〇六年にカナダの保険見積もりサービス会社が十万人の運転免許保持者の交通違反率を調査したところ、最悪は「てんびん座」、最も違反の少ないベストドライバーは「しし座」という結果だった。

助手　「しし座」がベストですって？　愛知県警の調査では「飲酒運転や信号無視が最多」が「しし座」になっていますよ！

教授　もし全国の都道府県で母集団や期間を変えて統計を取れば、さらに結果はバラバラになるよ。

交通安全に人々の注意を喚起したい意図は理解できるが、科学捜査を行う警察庁には、もっとクールに広報してほしいものだ。

「占い」と週刊誌

助手　愛知県警察が「星座から見た交通死亡事故の特徴」を公表したとお話ししましたが、

星座と交通事故を最初に結び付けたのは、北海道警察だったようです。

北海道警が二〇〇〇年から二〇〇二年に道内で起きた交通死亡事故千四百三十三件を調査した結果、最多は「うお座」の百四十九人、最少は「さそり座」の九十九人でした（『東京新聞』二〇〇三年十一月十二日付）。

続いて、石川県警が二〇〇三年一月から二〇〇五年十月に県内で起きた交通死亡事故二百七十七件を調査した結果、最多は「ふたご座」の三十二人、最少は「おとめ座」の十四人だったそうです（『産経新聞』二〇〇五年十二月十九日付）。

教授　すでに話したように、警察は最先端の科学捜査機関なんだから、「星座」のような分類は使ってほしくないんだが……。

助手　新潟・徳島・長崎・岡山・兵庫・福井の各県警も過去に星座別統計を発表したようですが、現在は愛知県警を除いて、すべて公式サイトから削除されています。警察庁の当局者も、内心では忸怩《じくじ》たる思いがあるのかもしれませんね。

教授　思ったとおり、各地の結果は、見事にバラバラだね。

各都道府県では、総面積も可住地面積も道路面積も大きく異なるし、路面や渋滞や車両数などの交通状況もまったく違う。母集団の総人口も年齢層も各星座の人口比率もバラバラだから、いくらその種の統計を取っても、まったく科学的に意味はないと断言できる。
助手　愛知県は、二〇一五年まで十三年間連続で全国の交通事故死亡者数ワースト一位を継続していますから、少しでも交通安全をピーアールしたかったようです。
教授　「苦しいときの神頼み」なのかもしれないが、個人を誕生日によって分類する「星占い」の発想自体、古代からの迷信だからね。
　単純に考えても、たとえば「うお座」に相当する人間は日本に一千万人近くいるはずだから、その全員に当てはまる「占い」など存在しないことは明らかだろう。
助手　たしかに「うお座」といっても新生児から高齢者まで幅広いので、今月の「うお座」に「新たな恋の始まり」とかいう占いを見ると、笑っちゃいますね。
教授　女性週刊誌が「占い」を流行させているのが問題じゃないか？
助手　男性週刊誌の方は、女性アイドルのグラビアが多すぎでは？　書店で眺めていたら、エッチなページを袋とじにしている雑誌もあって、ビックリしました。
教授　やはり女性にとっては違和感があるのかな。
助手　それは先生だって、もし男性アイドルのグラビアばかりの女性週刊誌をご覧になったら、目が点になってしまうと思いますよ。

でも、私から見てもキレイだなと思う女性のヌード写真もありますから、必ずしもグラビア全部が嫌だというわけではないんです。

ただ、ときどき電車の中で週刊誌を見ながらニンマリしているオジサンがいて、あれはグラビアを見ているのかと思うと……。

教授　グラビアのない週刊誌だってあるだろう。

助手　『サンデー毎日』はグラビアがないし、難関大学合格者ランキングを特集したりしてマジメな雑誌なのかと思ったら、「メープル・ピンドットのホロスコープ」があってガックリ。『週刊文春』には占いはないけど、「原色美女図鑑」というグラビアがありますね。『週刊現代』になると、グラビアに袋とじはもちろん、「東洋占術研究家美鳳の週間運気予報」に加えて長編漫画もありまして……。

教授　日本には唯一、「グラビア」も「占い」も「長編漫画」もない、硬派一辺倒の雑誌があるだろう？

助手　あはは、それが『週刊新潮』ですね！

先祖とは何か

助手　父の三回忌が近付いてきたら、また親戚が「先祖供養」などと言い始めたんですが、先生は「先祖」をどのように思われますか？

教授　一般に、人は自分の父親と母親の遺伝子には拘るが、祖父母になると、それほどでもないのではないかな。曽祖父母には会ったこともない人が多いだろうし、曽々祖父母になると、どんな人なのか、まったく知らないのが普通だろう。

助手　言われてみると、私も曽祖父母のことまでしか知りません。曽々祖父母の話は、ちょっとだけ聞いたことがあるくらいで……。

教授　そもそも人の遺伝子は、受精卵の時点でランダムにかき混ぜられたうえ、子どもには二分の一しか伝わらないからね。この割合は、孫に四分の一、曽孫に八分の一というように倍々に薄まっていく。ある人から五世代後になると、その人の遺伝子と重なるのは三十二分の一にすぎなくなるから、もはや「似ている」とか「似ていない」といった共通点や類似点を見極めることさえ困難になる。

助手　それは衝撃！　私は、子どもができたら「私の遺伝子」を引き継いでくれるとばかり思っていましたが、伝わるのは自分の遺伝子の二分の一、孫になると四分の一、その先も薄まっていくばかりなんですね……。

教授　特定の個人を形成する遺伝子の組み合わせは、時間とともに崩れ去っていく運命にあるからね。

助手　プロスケート選手の織田信成氏は、織田信長の十七代目の直系子孫と称しているそうですが。

教授　仮にそれが真実だとしても、信成氏に受け継がれているのは、二の十六乗だから、織田信長の遺伝子の六万五千五百三十六分の一程度にすぎないことになる。

助手　たったそれだけ！　ほとんど繋がりがないみたいじゃないですか！

教授　「世界で最も古い家系図」としてギネスブックに認定されているのが、孔子を始祖とする直系子孫の家系図を記載した『孔子世家譜』だ。

二〇〇九年発行の改訂版には、全八十巻四万三千ページにわたって、二百万人以上の直系子孫が記載されている。七十七代目の子孫という「国際孔子協会」の会長らが十年以上かけて編集したそうだ。

助手　七十七代目！

教授　孔子が誕生したのは紀元前五五二年だからね。さて、二の七十六乗は約七百五十五𥝱《がい》になるから……。

助手　「𥝱」って？

教授　億・兆・京《けい》・𥝱……と続く数字の単位で、十の二十乗のこと。つまり、七十七代目の子孫に受け継がれているのは、孔子の約七百五十五𥝱分の一の遺伝子にすぎない。

助手　もはや、ほとんど「赤の他人」じゃないですか！

教授　しかし、逆に考えてみると、君が今ここに存在するためには、君の父母が存在し、祖父母と曽祖父母が存在し、もっと遡れば、江戸時代にも平安時代にも、奈良時代にも縄文時代にも、必然的に先祖が存在しなければならなかったわけだ。

助手　そう思うとロマンティックですね。平安時代の先祖は、やはり恋の和歌を詠み合ったのかしら……。

教授　そこで重要なのは、もし君の直系の先祖のカップルが一組でも破局して子どもを作らなかったら、現在の君は存在しないということだ。つまり、脈々と続く君の先祖の系列は、ホモ・ハビリスからアウストラロピテクス、さらに四百四十万年前のラミダス猿人まで遡ることもできるが、そのうちの一人でも欠けていたら、君は存在しない。

助手　私の先祖スゴイわ！

教授　ところがね、アリの一匹といえども四十億年前に誕生した地球の最初の生命体まで遡ることができるはずだから、その意味では、君と同等だ。つまり生命は、先祖がなければ存在しない一方、その先祖との遺伝的関係は崩れていく。

助手　不思議ですね……。

教授　その不思議を追究するのが、学問の醍醐味だよ。

どこまで先祖を遡るのか

助手　先生、先祖のことを考えているうちに、大変なことに気が付きました！

私には父と母の二人の親がいて、それぞれに両親がいますから、祖父母は四人になります。さらに曽祖父母は八人、曽々祖父母は十六人、五世代前は三十二人と増えていきます。一般に、n世代前の先祖の数は、二のn乗になりますね？

教授　たしかに、父方と母方に人物の重複がなければ、理論上はそうなるよ。

助手　でも二のn乗は飛躍的に増加しますから、二の十乗で千を超え、二十乗で百万を超え、二十七乗で一億三千四百二十一万七千七百二十八人に到達します。つまり、私の二十七世代前の先祖の数が、日本の総人口を超えてしまうんです！

現代の日本の女性の初産全国平均年齢は三十歳を超えましたが、昔は十代で子どもを産むことも多かったので、私の先祖は夫婦とも平均二十五歳で子どもを持つと仮定します。すると、私が誕生する時点で両親は二十五歳、祖父母は五十歳、曽祖父母は七十五歳、曽々祖父母は百歳となり、百年で四世代が交代する計算になります。

この仮定に基づくと、私の二十七世代前の先祖は、約七百年前の鎌倉時代に存在していたはずですが、調べてみると、当時の日本の総人口は七百万人程度、多く見積もっても一千万人は超えないという推計なんです。その十倍以上も私の先祖がいたなんて、絶対にありえない話ですよね……。

教授　君が計算しているのは「n世代前の先祖の数」だけだけど、「n世代前までの先祖の累計数」は、もっと多くなるよ。

たとえば、四世代前の曽々祖父母までの累計数は、二＋四＋八＋十六で三十人になるだろう。一般に、n世代前までの先祖の累計数は、二のn乗から一を引いて、それを二倍にした数になる。これを計算すると、二十七世代前までの君の先祖の累計数は、二億六千八百四十三万五千四百五十四人になる。

この計算を続けると、三十六世代前までの君の先祖の累計数は、一千三百七十四億人を超えることになる。現在の地球の総人口は約七十三億人、これまでに地球に存在した人類の累計も高々一千億人程度と推計されているから、君の先祖の累計数は、人類の累計数よりも多くなってしまう。

助手　どこがおかしいんでしょうか？

教授　最初に言ったように、現実世界では父方と母方に人物の重複が多く見られるから、その点を差し引く必要があるわけだよ。もし君の両親が「いとこ婚」だったら、君の曽祖父母の数は八人ではなく六人に減るだろう。

聖徳太子の父の用明天皇と母の穴穂部間人皇女《あなほべのはしひとのひめみこ》は、両者とも欽明天皇を父に持つ異母兄妹の「きょうだい婚」だから、太子の祖父母は四人ではなく三人ということになる。

太子が誕生した五七四年当時の日本の人口は、五百万人ほどだった。古墳時代まで遡れば、さらに総人口は減少し、逆に「血縁婚」のような形態が多くなると考えられる。

たとえば、過疎地を開拓した夫婦二人を始祖とする家系は、血縁婚でなければ子孫を残せなかっただろう。

助手　計算上は先祖の数は増える一方のはずなのに、実際には過去になればなるほど、日本の総人口が減っていくわけですからね……。

教授　人類の起源は、細胞に含まれるミトコンドリアＤＮＡの分析によって明らかになりつつある。

ミトコンドリアは母親からしか遺伝しないため、世界各地から抽出した三千人のミトコンドリアの母系を辿《たど》っていくと、六万年前のアフリカの女性に到達した。彼女の母系祖先は「ミトコンドリア・イブ」と呼ばれ、十万年以上前にアフリカに誕生、六万年前にアラビア半島を経由してアジアに進出、六千年前に太平洋地域に居住するようになり、そこから日本に移住したらしい。

助手　そう考えてみると、先祖の「霊」とか「供養」というのなら、十万年前のミトコンドリア・イブまで遡らなければなりませんね。

「生まれ変わり」の矛盾

助手　先祖を遡ると人口が減っていくということは、「霊」の「生まれ変わり」や「転生」のような話が矛盾していることを意味しませんか？

だって、もし最初に一定数の「霊」しかいなかったとすると、増加の一途を辿る人口に適応できないじゃないですか！

教授　たしかに現在の世界人口は約七十三億人だが、紀元前は五百万人程度にすぎなかった推計だから、「霊」の数も人口と一緒に増えていかなければ、とても計算が合わないことになるね。

もっと先祖を遡ると十万年前の「ミトコンドリア・イブ」に到達するが、彼女にも「霊」はあったのか？　さらに遡って、アウストラロピテクスやラミダス猿人はどうだろう。

人間だけに「霊」が宿るとみなすスピリチュアリストは、どの進化の段階から人間とみなすのか？

助手　「霊」のように曖昧な概念に頼ることなく、人間の性質を「遺伝的要因」と「環境的要因」から判断するのが科学的な立場だと思います。と言いつつ今更ですが、そもそも「遺伝子」とは何なのでしょうか？

教授　遺伝子は「デオキシリボ核酸」つまり「ＤＮＡ」と呼ばれる物質。もっと詳しく言うと、ＤＮＡは、アデニン・チミン・グアニン・シトシンの四種類の塩基分子が二重らせん構造を描きながら規則正しく絡み合った物質で、それらの分子の組み合わせによって遺伝情報を伝えている。

助手　ということは、遺伝子そのものは「生命」ではないんですね？

教授　「生命」を「代謝」と「増殖」する対象として定義すると、あくまでＤＮＡは「物質」だね。一般に、これ以上分割したら生命と言えなくなるという意味での生命の最小単位は「細胞」で、そのサイズは百分の一ミリ程度。

たとえば、君の身体は約六十兆個の細胞から作られているが、その細胞すべての中に君のＤＮＡが入っているんだよ。

助手　自分の細胞すべての中に遺伝子が入っているなんて、何か無駄なことのように思えるんですが……。

教授　とんでもない！　そのＤＮＡのプログラムのおかげで、君の身体の全細胞が形成されているんだよ。

人間は、精子と卵子の合体した一個の「受精卵」から生まれる。この受精卵も一個の細胞で、それが母体の子宮内で二つに分裂し、その二つがまた二つにという細胞分裂を四十回ほど繰り返して爆発的に増殖し、赤ちゃんになって誕生する時点で約三兆個の細胞から構成されている。

最初の受精卵の中にあるＤＮＡは、細胞分裂が生じるたびに自分と同じＤＮＡを複製して新たな細胞の中に入れる。そこで、ある細胞は脳になり、別の細胞は骨や内臓や筋肉や皮膚になるといった具合に身体中の全細胞が形成されていくわけだが、なぜこれほどうまく全組織が調整されて一個の巨大な個体になるのかという点は、いまだに生物学界の大きな謎なんだよ。

助手　たしかに、極微細な細胞から始まって、十カ月あまり経つと、立派な人間の赤ちゃんが誕生するというのは、本当に不思議なことですね……。

教授　細胞内のDNAは、実際には十億分の一メートルつまりナノメートル単位の細長い糸のような二重らせん構造だが、それが非常にうまく折り畳まれて「染色体」という形で存在する。

精子のDNAは父親の染色体の半分の二十二本とXかYの性染色体、卵子のDNAは母親の染色体の半分の二十二本とXの性染色体だから、受精卵では合計四十六本の染色体が揃う。そこで精子の性染色体がXならばXXで女子、YならばXYで男子になる。

つまり、父親と母親からランダムに半分ずつ受け継いだ四十六本の染色体に含まれるDNAに、人間一人のすべての遺伝情報が含まれているわけだ。

助手　「霊」の「生まれ変わり」のようなワンパターンで単調な話よりも、「生物学界の大きな謎」の方が、よほどミステリアスですね！

平均寿命と科学

助手　厚生労働省が二〇一五年七月三十日に発表した日本の二〇一四年度の「平均寿命」は、男性が八十・五〇歳、女性が八十六・八三歳でした。
　男女ともに過去最高を更新し、男性の平均寿命が八十歳を超えたのは二〇一三年に続いて二年目で世界第三位、女性は三年連続で世界第一位でした！

教授　平均寿命は、その年に生まれた〇歳児が平均何歳まで生きるかを予測した期待値だから、日本は「世界最高の長寿国」といえる。

助手　厚生労働省の試算によれば、二〇一四年生まれの女性の半数は、九十歳の「卒寿」を迎えるそうです。

教授　日本は長年の間、「男は男らしく、女は女らしく」という性役割を偏見とする「ジェンダー・バイアス」が強い文化圏だと批判されてきた。いまだに国連や先進諸国から「封建的」とか「男尊女卑」と非難されることもある。
　それにもかかわらず、日本の女性の平均寿命が世界一とは、実に興味深い現象ではないかね？

助手　最近の大学生を見ていると、どちらかというと「女尊男卑」じゃないですか？　キャンパスの中心を闊歩《かっぽ》するのは、華やかな女子ですよ。

　カフェテリアでも中央に陣取って元気にキャアキャア騒いでいるのは女子学生で、男子学生は隅っこに静かに座っている感じだし……。

教授　そういえば、大教室の講義でも、女子学生が前列に座って、積極的に質問するようになってきたね。

助手　二〇一六年四月には「女性活躍推進法」が施行されたし、八月のリオデジャネイロ・オリンピックでも女性選手が大活躍だったし、日本の女性の平均寿命が三年連続で世界第一位というのは、立派な記録だと思いますよ。

教授　人類の歴史を振り返ってみると、そもそも農耕生活が始まる以前の人間の平均寿命は、およそ二十歳から三十歳にすぎず、この状況は中世ヨーロッパ末期に至るまで変わらなかった。

助手　私の年代で寿命だったなんて！　もっと毎日を大切にしなければ、申し訳ないような。

教授　中世の暗黒時代には、病気治療に「聖歌、霊薬、星占い、魔除《まよ》け」などが用いられ、無数の幼児や若者の生命が失われてしまった。迷信や妄信に支配された世界では、無知が原因で悲惨な現象が生じるからね。

この状況は、「細菌」が発見されて、外科手術が広く一般に行われるようになる十九世紀まで続いた。ヨーロッパ諸国の平均寿命が四十歳になったのは、ようやく一八七〇年頃。それが一九一五年に五十歳、一九三〇年に六十歳、一九五五年に七十歳となり、現在では八十歳代にまで延びてきた。

天文学者カール・セーガンは、惜しくも六十二歳で亡くなったが、最晩年の名作『科学と悪霊を語る』において「長寿は、科学から人類への貴重な贈り物」だと述べている。

実際に、人間の平均寿命が著しく延びたのは、抗生物質やワクチン、外科技術や公衆衛生、栄養学や遺伝子治療が発展したおかげだよ。

助手　でも、「科学から人類への悪意ある贈り物」も多いですよね。戦車や戦闘機、化学兵器や生態系汚染、そして原爆や放射性物質……。

教授　たしかに科学は「両刃の剣」といえる。科学の生み出す技術は、それを使用する人間の倫理観に応じて、人命を救助することもあれば、人類全体を破滅に導く危険性もある。

それでもセーガンが「科学が進歩したおかげで、過去のすべての戦争で失われたよりもずっと多くの命が救われてきた」と述べているように、科学はトータルで人類に貢献しているとみなすべきだろう。

助手　少なくとも私は、エアコンと冷凍冷蔵庫がなければ、夏の猛暑を乗り切れないですね。

教授　「科学」の話になると、なぜか徹底的に嫌悪したり、崇拝するような感情論が多いが、この傾向は「オカルト」の話にも共通している。両者に必要なのは、あくまで冷静な議論だよ。

「江戸しぐさ」の虚構

教授　今日は大雨だね。びしょ濡れじゃないか！

助手　買ったばかりのスプリング・コートなのに！　研究棟の入口の狭い道で学生とすれ違ったから、私は傘を反対側に傾けたんですよ。ところが、その学生は私の方に傘を傾けてきたから、傘の水が全部私にかかってきて、びしょ濡れ。しかも、謝りもしないでスマートフォンを見ながらスタスタ歩いて行くし……。最近の学生は、「傘かしげ」のマナーも知らないのかしら。

教授　「傘かしげ」だって？

助手　私が学生だった頃、東京メトロのポスターや、公共広告機構のテレビＣＭで宣伝していましたよ。

傘をさした人同士がすれ違うときには、お互いに相手と反対側に傘を傾けて、相手を濡らさないようにすること。江戸時代から伝わる日本のマナーでしょう？

教授　いやいや、とんでもない。江戸時代の「和傘」は、油紙を竹骨に丁寧に張り合わせた高級品。だから、傘張りの内職で暮らす下級武士も存在したくらいでね。

庶民が雨の日に使ったのは、頭に被る「笠」か、合羽《かっぱ》のように着る蓑の「蓑《みの》」くらいで、傘をさすことは滅多になかったはずだ。

助手　傘同士ですれ違うことなど滅多になかった？

教授　あったとしても、「和傘」は「洋傘」と違って、縦にすぼみやすい構造だから、お互いにすぼめれば、相手に水がかかることはないよ。

助手　つまり「傘かしげ」というマナー自体、存在しなかったということ？

教授　歴史研究家の原田実氏によれば、「傘かしげ」をはじめ、「蟹歩き」（狭い道での横歩き）や「七三の道」（七分《しちぶ》は公道とみなす）等の「江戸しぐさ」全体が、「歴史捏造のオカルト」だ。

そもそも何種類もの「江戸しぐさ」を生み出したのは「芝三光」という人物でね。本人は「東京の芝の生まれ」で「白金三光町の住まい」から命名されたと語ったが、実はその名前からして捏造で、本名は「小林和雄」だったそうだ。

助手　あはは、芸名みたい。

教授　芝氏は、高校と少年院の教員、編集やテレビ関係の仕事を経て、経営コンサルタントになった。一九七四年に「江戸の良さを見なおす会」を設立し、企業教育に取り入れた。おそらくそこで「江戸の良さ」を講演しているうちに、話に尾鰭《おひれ》がついて、「江戸しぐさ」の教義が生まれたんだろう。

芝氏は一九九九年に胃がんで亡くなったが、彼の最期を看取ったのが、弟子の越川禮子氏だ。彼女は「江戸しぐさ」関連の著書を二十冊以上出版し、積極的に政官財界への普及に努め、二〇〇七年に「NPO法人江戸しぐさ」を設立した。

助手　たしか教科書にも掲載されていたと思いますよ。

教授　小学校の「道徳」・「算数」や中学校の「道徳」・「公民」の教科書・副読本にも取り上げられている。

驚いたことに、文部科学省が小学校高学年用に作成した『私たちの道徳』にまで「江戸しぐさに学ぼう」というコラムがある。「三百年もの長い間、平和が続いた江戸時代に、江戸しぐさは生まれました。江戸しぐさには、人々がたがいに気持ち良く暮らしていくための知恵がこめられています」とね。

助手　いかにも本当の史実のように聞こえますが。

教授　ところが「江戸しぐさ」の実在を証明する歴史的資料はまったく存在しない。越川氏は、「江戸しぐさ」が口承のみで伝わり、継承者の多くが明治政府に虐殺されたからだという「陰謀説」を主張しているが、そんな証拠もない。

この件を綿密に調査した原田氏は、「現実逃避から生まれた架空の伝統」だと結論付けている。

助手　現代人のマナーの悪さを見ていると、江戸時代の礼儀や人情を称賛したくなる気持ちもわかる気がします。日本の美徳なので自尊心もくすぐられるし……。

教授　だから、虚構であっても都合のよい歴史を求めてしまう。そこにオカルトの危険性があるわけだ。

助手　こんな身近にオカルトの罠があったなんて。騙されないようにしなきゃ！

真実の追究

助手　先生、フランスの大学から連絡が来て、上級研究員として受け入れてもらえることになりました！

教授　それはおめでとう！

助手　先生が書いてくださった推薦状のおかげです。

教授　いやいや、君がこれまでがんばってきた成果だよ。本当によかったね。

国連が定めた三月八日の「国際女性の日」に、パリに本部のある経済協力開発機構（OECD）が、女性研究者に関するデータを公表した。それによると、日本の科学論文における女性著者の割合は、四十四カ国中、なんと「最下位」だった！　今後は君のような女性研究者に、積極的に論文を発表してもらわなければ……。

助手　二〇一四年に史上最年少の十七歳でノーベル平和賞を受賞したマララ・ユスフザイ氏の講演録を読んでいたんですが、女性が「教育を受けたい・学校に行きたい」というだけで殺される国や地域があるなんて、信じられないですね。

私は、自由に研究を続けられるだけでも幸せだと思います。

教授　ノーベル賞は、二〇一五年までに延べ九百の個人・団体が受賞しているが、そのうち女性は延べ四十九人、自然科学分野に限ると延べ十七人しかいない。

助手　最初の二つがマリー・キュリーの物理学賞と化学賞、次が娘のイレーヌ・キュリーの化学賞……。

こうして先生と雑談できたことが、すごく勉強になりました。

教授　それはよかった。

助手　先生から学んだのは、どんなテーマに対しても真実を追究する姿勢です。真実から目を逸《そ》らした瞬間、多種多様なオカルトが心に侵入してくることが、よくわかりました。母も、父が突然亡くなったときにスピリチュアリズムを妄信しそうになりましたが、先生のおかげで目が覚めました。

そういえば先日、小学生の甥から聞いた話なんですが、その子の学校で、余った給食のご飯を二つのビンに分けて入れ、一方に「ありがとう」、他方に「バカ」と生徒が毎日言い続ける実験をしたそうです。すると一カ月後、感謝されたご飯は白いツブツブのままなのに、他方はドロドロに腐って溶けたというんですが、先生はどう思われますか?

教授　似たような実験らしきものは、ネットに幾らでもあるよ。対象は二つに切ったリンゴとか二つのミカンとか。なぜか結果の大部分は、感謝した方は腐らず、悪口を言った方は腐るというワンパターンだが、君は、これをどう説明するかね？

助手　米やリンゴやミカンが言語を認識するはずがないし、やはりトリック？

教授　子どもに隠れて、大人が一方だけに防腐剤のようなものを撒《ま》いているんだろう。その大人は、子どもに丁寧な言葉使いを教えるための「トリック」なら「善意」の教育の一環だと信じているんじゃないかな。

助手　それは大人の勝手な「偽善」じゃないですか！

教授　道徳や統治のために嘘をついてもよいという考え方は、プラトンの『国家』にまで遡ることができる。

国家安泰のためには「平民」が疑念を抱かずに与えられた職務に専念する必要がある。そこでプラトンは、「平民」が生まれながらに「支配者・兵士・労働者」の三種類に分かれ、各々の魂は「金・銀・銅」の三種類からできているという「高貴な嘘」を社会に浸透させるべきだと考えた。

助手　「高貴な嘘」！

教授　しかし、金・銀・銅の順位は人間が定めた相対評価にすぎず、金属に物理的・本質的な優劣はない。米もリンゴもミカンも、有機物を放置すれば微生物が繁殖して腐敗するが、むしろ、そのおかげで自然は循環しているわけだよ。

助手　「腐らない方がよい」という発想自体、人間中心の「偏見」なんですね。

教授　パリは美しい街だから、思う存分に楽しんで人生勉強にも励むことだ。もちろん研究第一だがね。辛いことがあったら、キュリー夫人を思い起こすといいよ。

助手　お世話になりました。パリに着いたら、美味《おい》しいワインをお送りしますね！

解説——真実とは何か

のちにパシフィック・リーグ審判部長となった二出川延明《にでがわのぶあき》氏が球審を務めた試合で、ホーム・プレーが問題になったことがあった。二出川氏は、一点を競うゲームで、ホームにスライディングした選手に「アウト」を宣言したのである。攻撃側の監督は、ベンチから飛び出して猛抗議したが、もちろん判定は覆らない。

翌朝のスポーツ新聞が、「これでもアウトか」という見出しで証拠写真を掲載した。スライディングした選手の足はホーム・プレートに達しているのに、球はキャッチャーのミットの手前に浮いている。この新聞を手にしたパ・リーグ会長が、「昨日の写真が出ているが、君、ミスをしたのではないか」と尋ねた。その写真をじっと見つめた二出川氏は、次のように答えたそうだ。「会長、これは写真が間違っています」……。

スポーツの世界では審判の権威が絶対的であり、「誤審」も含めた「人間的」な感性に基づいて、プロ野球が運営されていることがよくわかる。もしプロ野球が「人間的」な試合運営よりも「真実」を優先するならば、あらゆる判定を「機械的」に公平に行う必要があるだろう。

一方、あくまで何よりも「真実」を優先する「学」の世界では、科学者が実験写真を間違っていると主張するわけにはいかない。それでも科学者が自己理論を正当化しようとすると、改竄や捏造のような「欺瞞」が生じるわけである。その種の「欺瞞」を暴くことで世界的に有名なのが、すでに触れた「パブピア」である。

「パブピア」は、公開された論文に対して匿名でコメントできる英文サイトで、ＳＴＡＰ細胞論文に対する疑義を最初に指摘したことで、日本でも知られるようになった。

コメントに対する意見や反論も自由に加えることができるので、自在に討論が進められ、その分野の専門家が議論しながら、あたかも探偵が犯人を突き詰めていくように、論文疑惑の核心に迫っていく様子がわかる。いわば現代科学に対する世界最大の「監視システム」といえるだろう。

科学者の研究不正とは、何年かに一度、世間を騒がせるような稀な出来事と一般には思われているかもしれない。しかし、科学界では、膨大な数の研究不正があちこちで囁かれているのが実情である。とはいえ、その大部分は何の咎《とが》めもなく忘れ去られていくのも事実であり、そのうち、とくに悪質なケースに限って調査に進展し、さらに非常に悪質なケースにおいてのみ、何らかの処分が下されているというのが現状である。

要するに、表に出てくる研究不正は「氷山の一角」にすぎないわけである。たとえば、小保方晴子氏の博士論文にコピペが見付かったことから、彼女の指導教官の常田聡教授の研究室の博士論文に対してネット上で精査が始まり、過去の二十本以上の論文にコピペ疑惑が発見された。

そこから早稲田大学は、これまでに先進理工学研究科が受理した二百八十本の博士論文すべての調査を開始せざるを得なくなった。この種の調査は、すでに他の大学や研究機関でも開始されている。その意味では逆説的だが、ＳＴＡＰ事件は、日本の科学界の浄化に一定の役割を果たしたともいえる。

「パブピア」では、自然科学のあらゆる分野で発表された数百本の論文に対して、今も同時に検討が続けられている。生物科学に関わる有名誌だけを挙げても、『ネイチャー』はSTAP論文も含めて四十二本、『サイエンス』も四十二本、『セル』は三十一本、『オンコジーン』では六十八本の論文が疑惑調査の対象となっている。

日本分子生物学会が開設したサイト「日本の科学を考える」の「捏造問題にもっと怒りを」というトピックに対しては、二〇一四年から二〇一五年にかけて「匿名A」氏が集中的に投稿を行った。それによると、一九九六年から二〇〇八年の十二年間に、日本の研究機関から国際専門誌に掲載された約八十本の論文に、研究不正の疑義が認められるという。

日本学術会議は、『科学者の行動規範』を基本的に次の指針で定めている。

「科学は、合理と実証を旨として営々と築かれる知識の体系であり、人類が共有するかけがえのない資産でもある。また、科学研究は、人類が未踏の領域に果敢に挑戦して新たな知識を生み出す行為といえる」

「一方、科学と科学研究は社会と共に、そして社会のためにある。したがって、科学の自由と科学者の主体的な判断に基づく研究活動は、社会からの信頼と負託を前提として、初めて社会的認知を得る。ここでいう『科学者』とは、所属する機関に関わらず、人文・社会科学から自然科学までを包含するすべての学術分野において、新たな知識を生み出す活動、あるいは科学的な知識の利活用に従事する研究者、専門職業者を意味する」

「このような知的活動を担う科学者は、学問の自由の下に、特定の権威や組織の利害から独立して自らの専門的な判断により真理を探究するという権利を享受すると共に、専門家として社会の負託に応える重大な責務を有する。特に、科学活動とその成果が広大で深遠な影響を人類に与える現代において、社会は科学者が常に倫理的な判断と行動を為すことを求めている。また、政策や世論の形成過程で科学が果たすべき役割に対する社会的要請も存在する」

第八章――課題

1．「真実」とは何か、「真実を追究」することとは、どのようなことだろうか。人文科学・社会科学・自然科学のさまざまな専門分野で、どのような「規範」が適切と考えられるか、意見を述べなさい。［ヒント――各々の専門学会における「行動規範」を参照する。］

2．「道徳や統治のために嘘をついてもよい」という考え方をどう思うか。現代社会との関連を踏まえて、自分の見解を述べなさい。［ヒント――プラトンの『国家』に登場する「高貴な嘘」について改めて考える。］

3．日本学術会議の『科学者の行動規範』全十六項目を精読し、実施上の問題点を列挙しなさい。［ヒント――科学者が現実に遭遇するさまざまな問題点を具体的に考える。］

おわりに

最後にお断りしておきたいのは、私が「反オカルト論」を主張しているからといって、あらゆる「神秘」を否定しているわけではないということである。

そもそも、なぜこの世界は存在し、生命は進化し、人類は知的探求を続けているのか。多宇宙は存在するのか、超知性のような実体はあるのか、究極の未来には何が生じるのか。少し思い浮かべるだけでも、私たちの世界に人知を超えた根本的な「神秘」が満ち溢れていることがわかる。

理系・文系を問わず、私の知る多くの科学者や研究者は、このような「神秘」に直面して自分が無知であることを認め、むしろ「神秘」に畏敬の念を抱いている。何もわかっていないと自覚しているからこそ、謙虚な姿勢で、真摯に研究を続けているのである。

彼らは、いかなる理論も完全ではなく、さまざまな問題を抱えていることを認識している。

その問題群を改良するために、新たな仮説を立て、試行錯誤を繰り返し、理論を修正していく。同時に関連分野との整合性や学問全体との統一性も考慮し、専門学会の審査や論文誌の査読を経たうえで、ようやく地道な研究が実るのである。

このような学問的姿勢を「科学」とすると、本書が批判する「オカルト」は、単に「神秘」に対する妄信というばかりでなく、一般大衆を愚弄《ぐろう》する思い上がった傲慢な態度といえる。とくに悪質なのが、「がんや難病を治す」「恋愛や金銭の願望を成就する」「超能力や予知能力を開発する」といった大言壮語を振りまいて信者を獲得し、閉鎖的な集団に引き込んで洗脳し、徹底的に搾取して彼らの人生を破壊するようなカルト集団である。

ルポライターの三浦悦子氏は、「神仏霊など科学的には証明されていない存在を商品化して様々な形で相談者に提供するサービス」を「オカルト業界」と呼んでいるが、この業界の商品価値は「八兆円」規模にも達するという。

もともとオカルト肯定派だった三浦氏は、スピリチュアルカウンセラー・気功師・霊媒師・霊能者・フリーエネルギー企業・能力開発セミナー・オカルト出版社との関係を経て、「20年間オカルト業界に携わる人たちと関わってきて思うことは、彼らは幸せになりたくてオカルト業界の門を叩くのに、実際には幸せになっていないのではないか」という疑念を抱くに至り、今ではオカルト懐疑派になっている。

彼女がオカルトの勉強会に出席していたとき、ある男が突然立ち上がって「わたしは土星の将軍サヌユルだ。お前たちがくだらない口論ばかりするので、この男の体を借りて説教をすることにする」と叫んだそうだ。この種の人間は、迷惑なので会場から追い出されるのが普通だろうが、この会では逆に数人が彼に近寄って、身の上相談を始めたという。

そこで彼女は主宰者に「先生、あの男は自分を土星人だと名乗っていますが、どのように考えたらよいのでしょうか？」と尋ねたところ、主宰者は「あの男の言っていることはちっともおかしくないですよ。実は、この私の正体も金星人で、地球人の魂を救うために地球に来たのですから」と答えたそうだ。

この主宰者は、高学歴の工学博士だということだが、だからといって「科学」の実践者であるとは限らない。本書で触れた小保方晴子氏と矢作直樹氏にしても、それぞれ理化学研究所と東京大学という日本を代表する研究機関に所属していた段階で、「ＳＴＡＰ細胞はあります」「霊は存在します」と断言している。そこに彼らの科学的姿勢、つまり科学者としての真実に対する謙虚さが見られないのが、何よりも大きな問題なのではないだろうか。

もちろん、何を信じるのも信じないのも、個人の自由である。しかし、たとえば「私は土星人」だとか「私は金星人だ」という主張があれば、それがトンデモだという反論の根拠を即座に十や二十は挙げられるようであってほしいと思う。その意味で「反オカルト論」とは、トンデモなオカルトを見極めるための教養リテラシーに他ならない。

天文学者カール・セーガンは、「科学と民主主義こそが人類の到達した最高の方法」だと述べている。残念ながら「科学」と「民主主義」は万全ではないが、それ以上に優れた方法は人間社会に存在しない。限界を十分見極めたうえで、これらの二つの理念を実践する「教養リテラシー」を身につけたいものである。

本書は、『週刊新潮』の連載「反オカルト論」がなければ成立しなかった。『週刊新潮』編集長の酒井逸史《はやと》氏、担当してくださった編集部の北本壮氏と田中敦氏、デスクの草野敬氏に感謝したい。本書への転載を快諾してくださった点も含めて、改めて、新潮社の関係者各位に深く謝意を表明したい。

連載を書籍化する件については、ありがたいことに数社からお話を頂戴したが、諸般の事情により、光文社から発行していただくことになった。本書を光文社新書に加えてくださった編集長の三宅貴久氏と担当してくださった編集部の古川遊也氏に厚くお礼を申し上げたい。

國學院大學の同僚諸兄、ゼミの学生諸君、情報文化研究会のメンバー諸氏には、さまざまな視点からヒントや激励をいただいた。それに、家族と友人のサポートがなければ、本書は完成しなかった。助けてくださった皆様に、心からお礼を申し上げたい。

高橋昌一郎

二〇一六年八月八日

[82] 親鸞（名畑應順校注）「愚禿悲歎述懐和讃」『親鸞和讃集』岩波書店（岩波文庫）、1976年。
[83] 高橋昌一郎「詐欺の論理」『TASC MONTHLY』たばこ総合研究センター、2008年4月号。
[84] 永田久『暦と占いの科学』新潮社、1982年。
[85] 中山茂『日本の天文学——占い・暦・宇宙観』朝日新聞出版（朝日文庫）、2000年。
[86] 原田実『オカルト「超」入門』星海社（星海社新書）、2012年。
[87] 万里小路時房（大日本古記録校注）『建内記』東京大学史料編纂所、1952年。

第八章

本章の対話篇は「反オカルト論」第30回〜第32回・第34回・第49回〜第50回・第65回〜第66回に加筆修正を加えたものである。

[88] Francis Crick, *The Astonishing Hypothesis: The Scientific Search for the Soul*, Charles Scribner's Sons, 1994.［フランシス・クリック（中原英臣／佐川峻訳）『DNAに魂はあるか——驚異の仮説』講談社、1995年。］
[89] Richard Dawkins, *A Devil's Chaplain*, Weidenfeld &Nicholson, 2003.［リチャード・ドーキンス（垂水雄二訳）『悪魔に仕える牧師』早川書房、2004年。］
[90] Richard Dawkins, *The God Delusion*, Houghton Mifflin Harcourt, 2006.［リチャード・ドーキンス（垂水雄二訳）『神は妄想である』早川書房、2007年。］
[91] Jon Elster, *Strong Feelings*, The MIT Press, 1999.［ヤン・エルスター（染谷昌義訳）『合理性を圧倒する感情』勁草書房、2008年。］
[92] Paul Kurtz, *The New Skepticism*, Prometheus Books, 1992.
[93] Carl Sagan, *The Demon-Haunted World*, Random House, 1996.［カール・セーガン（青木薫訳）『科学と悪霊を語る』新潮社、1997年。］
[94] 大槻義彦『大槻教授の反オカルト講座』ビレッジセンター、2004年。
[95] 島秀之助『プロ野球審判の眼』岩波書店（岩波新書）、1986年。
[96] 原田実『江戸しぐさの正体』星海社（星海社新書）、2014年。

おわりに

[97] Robert Carroll, *The Skeptic's Dictionary: A Collection of Strange Beliefs, Amusing Deceptions, and Dangerous Delusions*, Wiley, 2007.［ロバート・キャロル（小内亨／菊池聡／菊池誠／高橋昌一郎／皆神龍太郎編集委員、小久保温／高橋信夫／長澤裕／福岡洋一訳）『懐疑論者の事典』楽工社、全2巻、2008年。］
[98] Carl Sagan, *The Cosmic Connection*, Anchor, 1980.［カール・セーガン（福島正実訳）『宇宙との連帯』河出書房新社（河出文庫）、1982年。］
[99] 三浦悦子『実録あなたの知らないオカルト業界』彩図社、2014年。

に加筆修正を加えたものである。
[65] James Randi, *An Encyclopedia of Claims, Frauds, and Hoaxes of the Occult and Supernatural*, St. Martin's Press, 1995.
[66] James Randi, "The Project Alpha Experiment: Part 1 and 2," *Skeptical Inquirer*. 7, 24-33 and 8, 36-45, 1983-1984.［ジェイムズ・ランディ（高橋昌一郎訳）「プロジェクト・アルファ」Journal of the Japan Skeptics 第 1 巻、47 〜 57 ページ、1992 年。］
[67] Michael Shermer, *Why People Believe Weird Things: Pseudoscience, Superstition, and Other Confusions of Our Time*, Henry Holt, 1997.［マイクル・シャーマー（岡田靖史訳）『なぜ人はニセ科学を信じるのか』早川書房（ハヤカワ文庫）、全 2 巻、2003 年。］
[68] 池川明『胎内記憶』角川書店（角川 SSC 新書）、2008 年。
[69] 斎藤貴男『カルト資本主義』文藝春秋（文春文庫）、2000 年。
[70] 箱田裕司・仁平義明編『嘘とだましの心理学』有斐閣、2006 年。
[71] 矢作直樹『人は死なない』バジリコ、2011 年。
[72] 矢作直樹『おかげさまで生きる』幻冬舎、2014 年。
[73] 和田秀樹『学者は平気でウソをつく』新潮社（新潮新書）、2016 年。

第七章

本章の対話篇は「反オカルト論」第 51 回〜第 56 回・第 59 回〜第 60 回に加筆修正を加えたものである。
[74] David Boush, Marian Friestad and Peter Wright, *Deception in the Marketplace: The Psychology of Deceptive Persuasion and Consumer Self-protection*, Routledge, 2009.［デイビッド・ブッシュ／マリアン・フリースタッド／ピーター・ライト（安藤清志／今井芳昭訳）『市場における欺瞞的説得』誠信書房、2011 年。］
[75] David Lewis, *Impulse: Why We Do What We Do without Knowing Why We Do It*, Random House, 2014.［デイビッド・ルイス（得重達朗訳）『なぜ「つい」やってしまうのか』CCC メディアハウス、2015 年。］
[76] Carl Sifakis, *Hoaxes and Scams: A Compendium of Deceptions*, Ruses and Swindles, Facts on File, 1993.［カール・シファキス（鶴田文訳）『詐欺とペテンの大百科』青土社、2001 年。］
[77] Richard Wiseman, *Paranormality: Why We See What Isn't There*, Macmillan, 2011.［リチャード・ワイズマン（木村博江訳）『超常現象の科学――なぜ人は幽霊が見えるのか』文藝春秋、2012 年。］
[78] 安斎育郎『人はなぜ騙されるのか』朝日新聞出版、1996 年。
[79] 板倉聖宣『迷信と科学』仮説社、2007 年。
[80] 太田牛一（桑田忠親校注）『信長公記』新人物往来社、1997 年。
[81] 三宝院満済（村田正志校注）『満済准后日記』続群書類従完成会、1982 年。

[48] Robert Kurzban, *Why Everyone (else) is a Hypocrite*, Princeton University Press, 2010.［ロバート・クルツバン（高橋洋訳）『だれもが偽善者になる本当の理由』柏書房、2014 年。］
[49] 榎木英介『嘘と絶望の生命科学』文藝春秋（文春新書）、2014 年。
[50] 大川隆法『小保方晴子さん守護霊インタビュー――それでも「STAP 細胞」は存在する』幸福の科学出版、2014 年。
[51] 大川隆法『「嫉妬・老害・ノーベル賞の三角関数」守護霊を認めない理研・野依良治理事長の守護霊による、STAP 細胞潰し霊言――されど「事実」は時に科学者の「真実」を超える』幸福の科学出版、2014 年。
[52] 小保方晴子『あの日』講談社、2016 年。
[53] 片田珠美『自分のついた嘘を真実だと思い込む人』朝日新聞出版（朝日新書）、2015 年。
[54] 藤倉善郎『「カルト宗教」取材したらこうだった』宝島社（宝島社新書）、2012 年。

第五章

本章の対話篇は「反オカルト論」第 40 回～第 46 回に加筆修正を加えたものである。

[55] Reuben Davenport, *The Death-Blow to Spiritualism: Being the True Story of the Fox Sisters, as Revealed by Authority of Margaret Fox Kane and Catherine Fox Jencken*, Dillingham, 1888.
[56] Conan Doyle, *The History of Spiritualism*, Cambridge Scholars Publishing, 1926.
[57] Margaret Fox Kane, “Signed Confession of Margaret Fox Kane,” *New York World*, October 21, 1888.
[58] Margaret Fox and Elisha Kane, *The Love-Life of Dr. Kane: Containing the Correspondence, and a History of the Acquaintance, Engagement, and Secret Marriage Between Elisha K. Kane and Margaret Fox*, Carleton, 1866.
[59] Harry Houdini, “Houdini on Spiritualism,” *New York Times*, June 22, 1922.
[60] Elisha Kane, *Arctic Explorations: The second Grinnell Expedition in Search of Sir John Franklin*, Childs & Peterson, 1857.
[61] Joe Nickell, “A Skeleton’s Tale: The Origins of Modern Spiritualism,” *Skeptical Inquirer*. 32, 17-20, 2014.
[62] 奥野正男『神々の汚れた手――文化庁・歴博関係学者の責任を告発する』梓書院、2004 年。
[63] 竹岡俊樹『考古学崩壊――前期旧石器捏造事件の深層』勉誠出版、2014 年。
[64] 毎日新聞旧石器遺跡取材班『旧石器発掘捏造のすべて』毎日新聞社、2002 年。

第六章

本章の対話篇は「反オカルト論」第 33 回・第 35 回～第 39 回・第 47 回・第 64 回

[31] John Taylor, *Superminds*, Macmillan, 1975. ［ジョン・テイラー（南山宏訳）『スーパーマインド』勁文社、1976年。］
[32] 浅野和三郎『浅野和三郎著作集』潮文社、全6巻、1985年。

第三章

本章の対話篇は「反オカルト論」第15回～第22回に加筆修正を加えたものである。

[33] Robert Bell, *Impure Science: Fraud, Compromise and Political Influence in Scientific Research*, Wiley, 1992. ［ロバート・ベル（井山弘幸訳）『科学が裁かれるとき』化学同人、1994年。］
[34] William Broad and Nicholas Wade, *Betrayers of the Truth*, Simon and Schuster, 1982. ［ウイリアム・ブロード／ニコラス・ウェード（牧野賢治訳）『背信の科学者たち』化学同人、1988年。］
[35] David Newton, *Science Ethics*, Franklin Watts, 1987. ［デイビッド・ニュートン（牧野賢治訳）『サイエンス・エシックス』化学同人、1990年。］
[36] イ・ソンジュ／ベ・ヨンホン『国家を騙した科学者――「ES細胞」論文捏造事件の真相』牧野出版、2006年。
[37] 小畑峰太郎『STAP細胞に群がった悪いヤツら』新潮社、2014年。
[38] 黒木登志夫『研究不正――科学者の捏造、改竄、盗用』中央公論新社（中公新書）、2016年。
[39] 須田桃子『捏造の科学者――STAP細胞事件』文藝春秋、2014年。
[40] 詫摩雅子・古田彩「特集――STAPの全貌」『日経サイエンス』日本経済新聞社、2015年3月号。
[41] 西垣通『集合知とは何か』中央公論新社（中公新書）、2013年。
[42] 日本学術振興会編『科学の健全な発展のために――誠実な科学者の心得』丸善、2015年。
[43] 村松秀『論文捏造』中央公論新社（中公新書ラクレ）、2006年。
[44] 山崎茂明『科学者の不正行為――捏造・偽造・盗用』丸善、2002年。

第四章

本章の対話篇は「反オカルト論」第23回～第26回・第29回・第47回・第57回～第58回・第61回～第63回に加筆修正を加えたものである。

[45] Charles Ford, *Lies! Lies! Lies!*, American Psychiatric Publishing, 1996. ［チャールズ・フォード（森英明訳）『うそつき――うそと自己欺まんの心理学』草思社、2002年。］
[46] Dana Goodyear, “The Stress Test: Rivalries, Intrigue, and Fraud in the World of Stem-cell Research,” *The New Yorker*. February 29 Electric Issue, 2016.
[47] Alexander Kohn, *False Prophets: Fraud and Error in Science and Medicine*, Blackwell, 1986. ［アレクサンダー・コーン（酒井シヅ／三浦雅弘訳）『科学の罠』工作舎、1990年。］

第一章

本章の対話篇は「反オカルト論」第1回〜第8回に加筆修正を加えたものである。

［17］ Richard Dawkins, *Unweaving the Rainbow*, Houghton Mifflin Harcourt, 1998.［リチャード・ドーキンス（福岡伸一訳）『虹の解体』早川書房、2001年。］

［18］ Conan Doyle, *The Coming of the Fairies*, Red Wheel Weiser, 1979.［コナン・ドイル（井村君江訳）『妖精の出現——コティングリー妖精事件』あんず堂、1998年。］

［19］ Conan Doyle, *The New Revelation and the Vital Message*, Fredonia Books, 2001.［コナン・ドイル（近藤千雄訳）『コナン・ドイルの心霊学』潮文社、2007年。］

［20］ Martin Gardner, *Science: Good, Bad and Bogus*, Prometheus Books, 1981.［マーティン・ガードナー（市場泰男訳）『奇妙な論理』社会思想社（現代教養文庫）、全2巻、1992年。］

［21］ Harry Houdini, *A Magician Among the Spirits*, Cambridge University Press, 2011.

［22］ Kenneth Silverman, *Houdini !!!: The Career of Ehrich Weiss*, Harper Collins, 1997.［ケネス・シルバーマン（高井宏子／庄司宏子／大田原眞澄訳）『フーディーニ!!!』アスペクト、1999年。］

［23］ Raymond Smullyan, *Some Interesting Memories: A Paradoxical Life*, Thinkers' Press, 2002.［レイモンド・スマリヤン（高橋昌一郎訳）『天才スマリヤンのパラドックス人生』講談社、2004年。］

［24］ 松田道弘『超能力のトリック』講談社（現代新書）、1985年。

第二章

本章の対話篇は「反オカルト論」第9回〜第14回・第27回〜第28回に加筆修正を加えたものである。

［25］ Deborah Blum, *Ghost Hunters: William James and the Search for Scientific Proof of Life After Death*, Penguin Books, 2007.［デボラ・ブラム（鈴木恵訳）『幽霊を捕まえようとした科学者たち』文藝春秋（文春文庫）、2010年。］

［26］ Arthur Clarke, *World of Strange Powers*, Putnam's Sons, 1984.［アーサー・クラーク（森下泰輔監訳）『超常現象の謎を解く』リム出版、全2巻、1991年。］

［27］ Conan Doyle, *Complete Spiritualist Occult & Myth Anthologies of Arthur Conan Doyle*, APD Publishing, 2015.

［28］ Stacy Horn, *Unbelievable: Investigations into Ghosts, Poltergeists, Telepathy, and Other Unseen Phenomena, from the Duke Parapsychology Laboratory*, Ecco Press, 2009.［ステイシー・ホーン（石川幹人監修／ナカイサヤカ訳）『超常現象を科学にした男』紀伊國屋書店、2011年。］

［29］ James Randi, *The Magic of Uri Geller*, Ballantine Books, 1975.

［30］ Christopher Sandford, *Masters of Mystery: The Strange Friendship of Arthur Conan Doyle and Harry Houdini*, St. Martin's Press, 2011.

参考文献

本書で引用した時事的な文献については、その都度、括弧内に出典を示してある。その他、本書で用いた事実情報は、原則的に以下の文献から得たものである。本書で扱った話題は多岐にわたり、参考文献も際限なく挙げることができるのだが、代表的な主要文献と読者の入手しやすい推奨文献を優先してあることをご了承いただきたい。

全般

本書全般において次の拙著を参照した。引用および重複する内容のあることをお断りしておきたい。

［1］高橋昌一郎『ゲーデルの哲学』講談社（現代新書）、1999年。

［2］高橋昌一郎『科学哲学のすすめ』丸善、2002年。

［3］高橋昌一郎『哲学ディベート』日本放送出版協会（NHKブックス）、2007年。

［4］高橋昌一郎『理性の限界』講談社（現代新書）、2008年。

［5］高橋昌一郎『知性の限界』講談社（現代新書）、2010年。

［6］高橋昌一郎『東大生の論理』筑摩書房（ちくま新書）、2010年。

［7］高橋昌一郎『感性の限界』講談社（現代新書）、2012年。

［8］高橋昌一郎『小林秀雄の哲学』朝日新聞出版（朝日新書）、2013年。

［9］高橋昌一郎『ノイマン・ゲーデル・チューリング』筑摩書房（筑摩選書）、2014年。

［10］高橋昌一郎「反オカルト論」『週刊新潮』新潮社、全66回、第60巻第1号～第61巻第17号（2015年1月1日号～2016年4月28日号）。

はじめに

［11］Masha Gessen, *Perfect Rigor: A Genius and the Mathematical Breakthrough of the Century*, Houghton Mifflin Harcourt, 2009.［マーシャ・ガッセン（青木薫訳）『完全なる証明』文藝春秋（文春文庫）、2012年。］

［12］朝倉和「『少年老い易く学成り難し』詩の作者は観中中諦か」広島大学国語国文学会『国文学攷』2005年3月号。

［13］井上順孝編『〈オウム真理教〉を検証する』春秋社、2015年。

［14］春日真人『100年の難問はなぜ解けたのか』新潮社（新潮文庫）、2011年。

［15］高橋典史・塚田穂高・岡本亮輔編『宗教と社会のフロンティア』勁草書房、2012年。

［16］柳瀬喜代志「教材・朱子の『少年老い易く学成り難し』詩の誕生」大平浩哉編『国語教育史に学ぶ』学文社、1997年。

高橋昌一郎（たかはししょういちろう）
1959年大分県生まれ。國學院大學教授。専門は論理学・哲学。ウエスタンミシガン大学数学科および哲学科卒業後、ミシガン大学大学院哲学研究科修了。主要著書は『理性の限界』『知性の限界』『感性の限界』『ゲーデルの哲学』（以上、講談社現代新書）、『東大生の論理』（ちくま新書）、『小林秀雄の哲学』（朝日新書）、『哲学ディベート』（NHKブックス）、『ノイマン・ゲーデル・チューリング』（筑摩選書）、『科学哲学のすすめ』（丸善）など。超常現象やエセ科学を究明するJAPAN SKEPTICS副会長。

反《はん》オカルト論《ろん》

2016年9月20日初版1刷発行
2021年9月30日　2刷発行

著　者 ── 高橋昌一郎
発行者 ── 田邉浩司
装　幀 ── アラン・チャン
印刷所 ── 堀内印刷
製本所 ── ナショナル製本
発行所 ── 株式会社 光文社
東京都文京区音羽1-16-6(〒112-8011)
https://www.kobunsha.com/
電　話 ── 編集部03(5395)8289 書籍販売部03(5395)8116
業務部03(5395)8125
メール ── sinsyo@kobunsha.com

落丁本・乱丁本は業務部へご連絡くだされば、お取替えいたします。
 ISBN 978-4-334-03946-2

829
「その日暮らし」の人類学
もう一つの資本主義経済
小川さやか

「貧しさ」がないアマゾンの先住民、気軽に仕事を転々とするアフリカ都市民、海賊行為が切り拓く新しい経済……。世界の多様な「生き残り戦略」から、私たちの生き方を問い直す。

978-4-334-03932-5

830
医療探偵「総合診療医」
原因不明の症状を読み解く
山中克郎

専門化した医療の垣根を越え、トータルに診断して患者を救う「総合診療医」とは？　NHK「ドクターG」にも出演した人気医師が解説。「信頼できる総合診療医」のいる病院リスト付き。

978-4-334-03933-2

831
忙しい人のための「自重筋トレ」
比嘉一雄

自分の体重だけを負荷にするシンプルかつ効率的な「自重筋トレ」の方法を、大学での「研究」とクライアント指導の「現場」を行き来する若手トレーナーがやさしく解説。

978-4-334-03934-9

832
前に進むための読書論
東大首席弁護士の本棚
山口真由

結果を出す、やり遂げるための情熱は、読書からしか得られない！——東大法学部を首席卒業後、財務省を経て弁護士に。そんな著者をつくった児童書から歴史小説までを100冊紹介！

978-4-334-03935-6

833
都市と地方をかきまぜる
「食べる通信」の奇跡
高橋博之

限界なのは地方だけじゃない。都市もだ！　東北の農漁業現場を取材した冊子と、野菜や魚などの生産物をセットで届ける新メディア「東北食べる通信」編集長の〝熱血〟地方創生論。

978-4-334-03936-3

834

武器としての人口減社会

国際比較統計でわかる日本の強さ

村上由美子

労働生産性、女性活躍推進、起業家精神など、さまざまな分野において先進国中、最低レベルの日本。本書ではその弱みを強みに変え、課題先進国として強い国になる策を考える。

978-4-334-03937-0

835

〈オールカラー版〉魚はエロい

瓜生知史

求愛、交尾、産卵……。海に住む生き物たちの驚きの生態は、種をこえた「生きるとは何か?」という素朴な問いを投げかける。一〇〇点以上の写真で迫る、誰も知らなかった海の愛とエロス。

978-4-334-03938-7

836

ヤクザ式　最後に勝つ「危機回避術」

向谷匡史

常に戦場に身を置くヤクザは、一流ほどリスクを鋭く察知し、最悪の事態に陥らない。長年、ヤクザ界を見てきた著者が教える、ピンチを無傷で切り抜けつつ得を取る最強の処世術。

978-4-334-03939-4

837

「ほぼほぼ」「いまいま」?!

クイズ　おかしな日本語

野口恵子

日本語の誤用を目や耳にしない日はない。町を歩けば誤用に当たり、店に入れば誤用が出迎える……。現代標準日本語の口語をできるだけ正確に理解し、よりよく使うための一冊。

978-4-334-03940-0

838

テニスプロはつらいよ

世界を飛び、超格差社会を闘う

井山夏生

プロ7年目、最高ランクは259位——プロテニスプレイヤー関口周一の闘いを軸に、その苛酷さ、競争の仕組みを、テニスジャーナル元編集長が丹念な取材で描く。テニス親必読!

978-4-334-03941-7

839
武家の躾《しつけ》 子どもの礼儀作法
小笠原敬承斎

「程を知る」「一歩先を読む」「家の中でも礼を欠かさない」。武士の子どもは礼儀と慎みを躾けられてきた。室町時代に確立された小笠原流の伝書に学ぶ「子育ての秘訣」「親の心得」とは。

978-4-334-03942-4

840
村上春樹はノーベル賞をとれるのか？
川村湊

世間をにぎわす、村上春樹とノーベル賞。村上文学は世界文学たり得るのか？ 受賞に到るまでの基準は？ その功罪は？ 村上春樹と同世代の著者が読み解く、世界文学の見果てぬ夢。

978-4-334-03943-1

841
ISの人質
13カ月の拘束、そして生還
プク・ダムスゴー
山田美明 訳

拘束に至る過程、拷問、他の人質たちとの共同生活、日常的な暴力、身代金交渉、家族による募金活動、そして間一髪の生還――。衝撃のノンフィクション。佐藤優氏推薦・解説。

978-4-334-03944-8

842
給食費未納
子どもの貧困と食生活格差
鳫咲子

給食費を払わない保護者が問題視されている。だが、「払わないなら食べるな」で、片付けていい問題だろうか。「子どもの貧困」を食という側面から考え、福祉の新しい視座を提言する。

978-4-334-03945-5

843
反オカルト論
高橋昌一郎

占いや六曜といった迷信から霊感商法、江戸しぐさ、STAP事件など多様な姿でオカルトは生き続ける。その「罠」に陥らないための科学的思考法を分かりやすい対話形式で学ぶ。

978-4-334-03946-2